Denkspiele und Knobelspaß

W0332240

Edition Psychologie und Pädagogik

Ulrich Vohland

Denkspiele und Knobelspaß

für 12–16jährige

Matthias-Grünewald-Verlag · Mainz

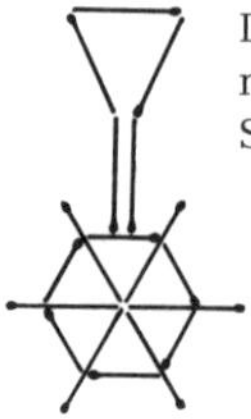

Dieses Buch ist vom internationalen Spiele-Test-Team mit dem goldenen Streichholzorden für großen Spiele-Spaß ausgezeichnet worden.

3. Auflage 2004

© 1997 Matthias-Grünewald-Verlag, Mainz
Das Werk einschließlich aller seiner Teile ist urheberrechtlich geschützt. Jede Verwertung außerhalb der engen Grenzen des Urheberrechtsgesetzes ist ohne Zustimmung des Verlags unzulässig und strafbar. Das gilt insbesondere für Vervielfältigungen, Übersetzungen, Mikroverfilmungen und die Einspeicherung und Verarbeitung in elektronischen Systemen.

Umschlag: Harun Kloppe, Mainz
Illustrationen: Ulrich Vohland, Kölln-Reisiek
Druck und Bindung: Drukkerij Wilco, Amersfoort

ISBN 3-7867-1999-3

Inhalt

Einleitung

Warum sind Denkspiele so faszinierend?

Was veranlaßt die Menschen, fixe Knobelfans wie geduldige Denksportler, sich diesen Spielen zuzuwenden? Ein Überschuß an intellektuellem Elan? Zugleich der Reiz, ihren Scharfsinn auf die Probe zu stellen? In jedem Fall motiviert die Freude, wenn es „funkt", wenn man einen vagen Ansatz gefunden hat und vor allem, wenn dieser sich als erfolgversprechend erweist.
Wenn man wie ein Detektiv einer heißen Spur nachgeht, dann wird es spannend wie in einem Krimi. Das Engagement steigt, je näher man sich dem Ziel wähnt. Hat man die ersehnte Lösung, dann hat man zugleich auch eine unvergleichliche Belohnung: die Freude, daß sich der Einsatz und das Engagement gelohnt haben, daß man es geschafft hat.
Fazit: Denkspiele sind eines der erregendsten Abenteuer des menschlichen Geistes.

Vielfalt der Aufgaben

Dieses Buch enthält ganz verschiedene Arten von Aufgaben: Mal ist Phantasie gefragt, mal etwas mehr Geduld, mal etwas Logik. Es bietet zudem Aufgaben von unterschiedlichem Schwierigkeitsgrad: begonnen bei „Aller Anfang ist leicht" für die jüngeren Denksportler und Knobel-Amateure bis hin zu den „ganz harten Nüssen" für anspruchsvolle Denkspiel-Profis in den höheren Jahrgängen.
Manche Denkspiele, wie zum Beispiel die Streichholzauf-

gaben, sind mehr für den einzelnen Spieler oder Kleingruppen von 2–3 Spielern geeignet. Andere, wie zum Beispiel die Krimigeschichten, wird man am besten mit allen Spielern gemeinsam, also in einer größeren Gruppe, zu lösen versuchen.

Für Schüler, Lehrer, Jugendgruppen

Dieses Buch ist für die Leiter und Leiterinnen von Jugendgruppen geschrieben, aber auch für Eltern, die ihren Kindern etwas Sinnvolles für die Freizeitbeschäftigung und zum Intelligenztraining schenken wollen. Vor allem aber auch für die Lehrer und Lehrerinnen: als stark motivierender Einstieg in eine Stunde oder als Lückenfüller an deren Ende. Dies gilt insbesondere für den Förderunterricht sowie für Randstunden, die oft genug durch geringes Interesse sowie geringe Leistungsbereitschaft gekennzeichnet sind. Und nicht zuletzt sind diese Denksportaufgaben eine ausgezeichnete Hilfe, um einzelne Vertretungsstunden optimal zu gestalten: um den Schülern in den Stunden ohne fachlichen Druck etwas ganz anderes zu bieten und diese zu einem erfreulichen und gewinnbringenden Lernmoment werden zu lassen.

Was bringt das Knobeln?

Auch wenn der Spaß im Vordergrund steht und man den Denksport leicht und lässig betreibt, hat er über den Lustgewinn hinaus einen Nebeneffekt, einen wichtigen praktischen Nutzen:
Wer Denksport betreibt, trainiert dabei auf angenehme Weise seine Intelligenz, seine Konzentrationsfähigkeit und Flexibilität. Denkspiele bringen, wenn sie vom Vergnügen beflügelt werden, heimlich, still und leise die kleinen grauen

Zellen in Schwung und damit das Gedächtnis sowie das analytische und logische Denken.
Wer sich immer wieder mal dem Denksport zuwendet, lernt es dabei auf die vergnüglichste Art, reale Situationen unseres Alltags dadurch schneller zu verstehen, daß er sich von abstrakten Begriffen Bilder macht und somit sein bildliches Vorstellungsvermögen steigert. Er fördert dadurch seine Kompetenzen zum gezielten Beobachten, zur exakten Analyse, seine Kreativität und steigert damit die Anzahl seiner Strategien zum adäquaten Umgang mit der Realität.

Tips und Regeln für erfolgreiches Knobeln

Problemlösung ist eine Fähigkeit, die in unserer komplexen, oft mehrdeutigen und rätselhaften Welt ständig gefordert wird und oft Kopfzerbrechen bereitet. Man kann diese Fähigkeit trainieren, und dazu tragen die in diesem Band vorgelegten Knobelaufgaben auf einer spielerischen Ebene bei. Das Spielerische bietet Vorteile, da es folgenlos bleibt: gleichsam ein Planspiel des Denkens. Ohne daß es ihnen so recht bewußt wird, lernen die Kinder und Jugendlichen dabei auf spielerische Art und Weise nach und nach einige Regeln und Leitlinien, wie man Probleme – auch sehr komplizierter Art – lösen kann, wenn man dabei einige Tips und Regeln beachtet (vgl. James F. Fixx: Rätsel und Denkspiele mit Seitensprung, Köln 1984, S. 15 ff).

TIP *Nimm alle Aspekte der Aufgabe und des Problems auf.*

Beispiel: „Ein junger Mann ist ein begeisterter Flieger. Er startet mit seinem ganz leichten Segelflugzeug morgens um 10 Uhr und hat sich nach 10 Minuten 5 km vom Flugplatz entfernt und dabei eine Höhe von 1 000 Metern erreicht. Da

er in der Ferne ein Gewitter aufkommen sieht, beschließt er, sofort zum Flugplatz zurückzukehren. Dazu muss er genau nach Süden fliegen. Der Wind weht weiterhin von Nordosten. Braucht er für seinen Rückflug mehr Flugbenzin als bei Windstille oder weniger?
Antwort: Man muss die gestellt Frage verlassen und erkennen, dass ein Segelflugzeug gar kein Flugbenzin verbraucht."

TIP *Geh zuversichtlich an die Aufgabe heran.*

Wer Selbstvertrauen hat, weiß, daß er oder sie später oder früher eine Lösung findet. Selbst wenn sich ein Lösungsversuch als falsch herausstellt, ist eine selbstsichere Haltung sinnvoll, denn sie wird bald zum richtigen Schlüssel führen. Je mehr Denksportaufgaben die Teilnehmer der Runde gelöst haben, umso größer wird ihr Selbstvertrauen, auch andere und schwierigere Aufgaben lösen zu können.

TIP *Nachdem du alle Hinweise aus der Umgebung der Aufgabe aufgenommen hast, kommt es darauf an, ihre Beziehungen zueinander zu untersuchen.*

Beispiel: Ein Ehepaar ist im Auto mit seinem Sohn in den Wald gefahren. Der Sohn ist begeisterter Langläufer und läuft mit einer konstanten Geschwindigkeit von 20 km/h zu einem 1 km entfernten Baum und von dort wieder zurück zu seinen Eltern, die beim Auto warten.
Der Hund dieser Familie hängt sowohl an dem Sohn als auch an dessen Eltern. Er läuft zunächst mit dem Sohn, dann – mit einer Geschwindigkeit von 50 km/h – zurück zu den Eltern, dann wieder zum Sohn und wieder zu den Eltern. Er läuft immer zwischen diesen hin und her. Welche Strecke legt er insgesamt zurück?
Lösung: Auf den ersten Blick denkt man, daß man alle Entfernungen, die zuerst immer größer und dann wieder klei-

ner werden, addieren muß. Das würde ein langwieriger Rechenvorgang werden. So kommt man auf die Idee, nach einer bequemeren Lösung zu suchen. Und die gibt es tatsächlich: Man muß nur einfach ausrechnen, nach welcher Zeit der Langläufer zurück ist (6 Minuten) und welche Entfernung der Hund in diesem Zeitraum zurückgelegt hat:

$$\frac{50\text{ km}}{60\text{ Min.}} = \frac{5\text{ km}}{6\text{ Min.}} = 5\text{ km}$$

TIP *Zuweilen bringen dich Phantasie und Intuition weiter als ein stures zielgerichtetes Bemühen.*

Manchmal ist es besser, die gewohnten Pfade des Denkens zu verlassen, „um die Ecke zu denken" und das anstehende Problem aus einer ganz anderen, unerwarteten Richtung anzugehen. Wenn man wegen eines Mißerfolges frustriert ist und nicht weiß, wie man weiterkommt, sollte man sein bisheriges zielorientiertes Engagement aufgeben und sich entspannen: Zuweilen kommt man gerade dann, wenn man sich nicht mehr intensiv bemüht, durch einen Seitensprung im Denken auf den richtigen Weg.

Beispiel: Du hast drei Streichhölzer. Damit kannst du ein Dreieck herstellen. Mit diesen drei Streichhölzern kannst du aber noch ein ganz anderes Dreieck herstellen. Wie?

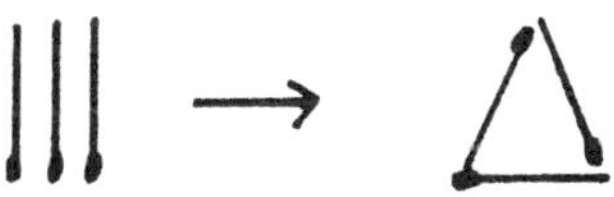

Lösung: Gemeint ist das winzige Dreieck, das die drei Streichhölzer an ihrem Ende bilden.

TIP *Übe dich darin, geduldig zu warten.*

Denn viele Probleme kann man nicht durch hohen Arbeitseinsatz lösen, sondern durch Inspiration und eine plötzliche

Einsicht. Eine Lösung fällt einem keineswegs immer nur dann ein, wenn man sie am nötigsten braucht, sondern manchmal ganz unerwartet.

TIP *Überwinde alle Einschränkungen, die nicht nötig sind.*

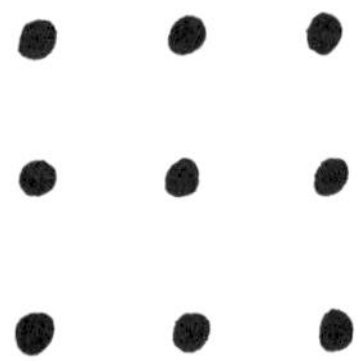

Man sollte sich von Konventionen und Grenzen des Denkens freimachen.
Beispiel: Alle diese neun Punkte sollen durch vier Geraden miteinander verbunden werden. Dabei darf keine Gerade zweimal gezogen und der Stift nicht vom Blatt abgehoben werden.

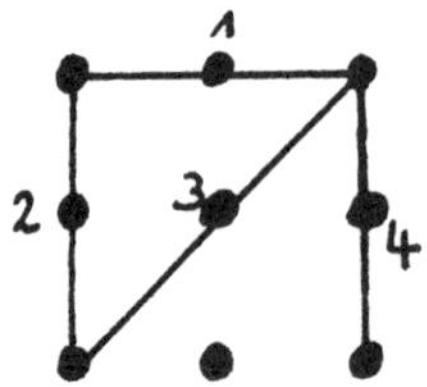

Die meisten Spieler unternehmen zunächst viele erfolglose Versuche, weil sie annehmen, daß sie innerhalb der von den Eckpunkten gebildeten Fläche verbleiben müssen.
Eine derartige Beschränkung ist jedoch nicht gemacht worden: diese Fläche darf durchaus überschritten werden.
Nach einiger Zeit kann der Spielleiter deshalb eine Hilfe geben: Man kann die Linien auch über die Ecken des Vierecks hinausziehen, zum Beispiel:

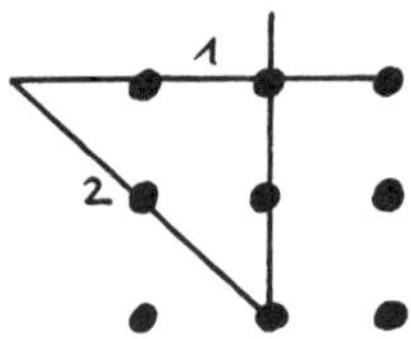

TIP *Manchmal ist es sinnvoll, wenn du dich fragst, ob du nicht eine ähnliche Denksportaufgabe kennst und die dafür gefundene Lösung für die neue Aufgabe verändern kannst.*

TIP *Gemeinsam geht's besser.*
Wer fragt, gewinnt.

Der Spaß am Denksport wird größer, wenn man seine Ideen mit denen der anderen Spieler in der Runde vergleicht. Oftmals erhält man von ihnen den Hinweis, der einem gerade noch fehlt.

TIP *Verifizierung: Jede Lösungsidee muß auf alle Fälle noch überprüft werden, ob sie tatsächlich stimmt.*

Vorlesen oder selber lesen?

Die meisten Denkspiele, vor allem die kurzen, trägt der Spielleiter mit eigenen Worten vor. Natürlich kann er sie auch vorlesen. Oder er erzählt sie und läßt sie dann – sicher ist sicher – noch einmal von einem Mitspieler vorlesen, damit alle ganz sicher sind, keine Angabe zu vergessen. Bei den längeren Ratekrimis ist es sinnvoll, wenn nicht der Spielleiter sie vorliest, sondern jeder in der Runde je einen Absatz. Das hat den Vorteil, daß viele Spieler aktiv werden, daß die Zuhörer nicht nur eine einzige Stimme, sondern viele verschiedene Stimmen hören, daß ihnen also Abwechslung geboten wird. Auch tritt der Spielleiter dadurch etwas zurück und gewinnt Zeit, um zu überlegen, welches Spiel er als nächstes anbieten soll.

Kopieren?

Die ersten zwei bis drei Denksportaufgaben, die man der Gruppe stellt, sollten leicht sein. Dann können zunehmend etwas schwierigere Aufgaben folgen, für die man etwas mehr Zeit braucht. Vor allem für größere und ganz große Gruppen mit älteren Jugendlichen könnte man für die zweite Hälfte des Denksporttrainings eine *Kopie* vorbereiten: für jeden – oder jeden zweiten – Mitspieler das gleiche Blatt, auf dem

sich Knobelaufgaben befinden. Vor allem, wenn man die Aufgaben verkleinert, kann man den Teilnehmern ganz verschiedene Arten von Aufgaben zur Auswahl bieten und so für Abwechslung sorgen: etwa eine Aufgabe mit Streichhölzern und eine mit Münzen sowie eine Textaufgabe, die jeder Schritt für Schritt und so schnell lösen kann, wie es für ihn am besten ist.
Für diese Kopie kann man relativ anspruchsvolle Aufgaben auswählen. Weitere Vorteile, wenn man Kopien verwendet, liegen darin, daß dadurch die Dominanz des Spielleiters verringert wird, die Teilnehmer alleine oder in kleinen Gruppen nach Lösungen suchen können und daß alle eine Lösung entdecken können, die noch keiner gefunden hat. Außerdem braucht keiner auf einen anderen, der etwas mehr Zeit benötigt, zu warten.

Zur Motivation

Vor jeder neuen Denksportaufgabe, vor allem aber vor der ersten, sollte der Spielleiter für die nötige Konzentration und Bereitschaft sorgen. Als Einstieg könnte er verschiedene Formen der Visualisierung nutzen: für eine Streichholzaufgabe etwa ein Bild an der Tafel oder eine große Zeichnung auf einem Blatt Papier. Er kann die Kinder und Jugendlichen dadurch aktivieren, daß er sie neugierig macht: Statt Streichhölzer legt er, weil das für alle in der Runde besser sichtbar ist, die Ausgangsfigur der Streichholzaufgabe mit großen Buntstiften oder anderen Stiften auf den Tisch. Alle Spieler, die das sehen, wollen nun wissen, welche Stifte weggenommen und zu welcher Figur wieder hingelegt werden sollen. Um sie in Schwung zu bringen, kann ihnen der Spielleiter noch eine falsche Lösung zeigen und sie dann die richtige Lösung suchen lassen.

Preise

Das Knobeln wird spannender und die Motivation der Kinder und Jugendlichen steigt, wenn es für denjenigen, der eine etwas anspruchsvollere Aufgabe löst, einen kleinen Preis gibt. Das könnte der Titel „Der beste Schnelldenker" sein, oder der Betreffende kann sich ein Spiel wünschen, das dann gemeinsam gespielt wird. Möglich ist als Preis auch etwas Eßbares, was der Sieger an alle anderen verteilen kann.

Rolle des Spielleiters

Nachdem der Spielleiter die Aufgabe erklärt hat, drängt er sich nicht auf, sondern hält sich ein wenig zurück. Er stört die Ratenden nicht durch hyperaktives Einmischen, sondern läßt sie, weil sie es so wollen, ganz allein den Lösungsweg und die Lösung suchen: durch Ausprobieren oder durch Überlegen oder durch beides. Wenn sie auf dem Holzweg sind, merken sie es oft selbst und versuchen etwas anderes. Indem er ihre Teilerfolge anerkennt, beugt er der Resignation vor, gegebenenfalls durch einen kleinen Tip. Er sollte sehr viel Geduld haben und auch die allerersten kleinen Versuche loben und die Ratenden zum Weitermachen motivieren. Er lockt sie so aus der Reserve, aber er wartet, bis sie mit Fragen, falschen oder richtigen Lösungen zu ihm kommen.

Die Tips

Die Tips unter den Knobelaufgaben, die die Lösungssuche erleichtern, sollte der Spielleiter erst dann lesen, wenn er selbst keine Lösung findet oder ihm die Zeit dazu zu lang wird. Auch die Ratenden sollte er erst alleine die Lösung suchen lassen und ihnen erst später Tips geben. Denn es ist oft ganz erstaunlich, was der eine oder andere Spieler schafft. Erst nach 1-2-3 Minuten ist es Zeit für den ersten Tip. Nach der gleichen Zeit können der zweite und dritte Tip folgen. Nur in ganz seltenen Fällen wird der Spielleiter die Lösung selbst sagen müssen.

Material

Ein großer Vorteil der meisten Denksportaufgaben ist es, daß dafür fast keine Materialien und Vorbereitungen nötig sind. Für die meisten Aufgaben reicht es völlig aus, wenn jeder zweite oder – noch besser – jeder einzelne Spieler ein Blatt Papier sowie einen Stift hat (am besten ist ein Bleistift sowie ein Radiergummi). Schon kann das Ausprobieren und Lösungsuchen losgehen, und alle erfahren, daß man für ganz viel Spannung und Spaß nur sehr wenig und schon gar kein Geld braucht.
Für einige wenige Aufgaben, die mit den Streichhölzern, wäre es wünschenswert, wenn jeder (oder immer zwei) Spieler – eventuell mit Hilfe eines Assistenten des Spielleiters – die erforderliche Anzahl an Streichhölzern bekommt. Hierbei sollte die Gruppe nicht zu groß sein, damit jeder möglichst oft die Lösung durch praktisches Probieren finden kann.

Aktivitäten und eigene Vorschläge der Spieler

Je jünger die Mitspieler sind, umso wichtiger ist es,
- daß bei allen Versuchen, eine Lösung des Denkspiels zu finden, möglichst jeder mit seinen Fingern aktiv werden und etwas ausprobieren kann.
- daß nach ein bis zwei Denkspielen ein ganz anderes Spiel eingeplant wird: ein Spiel, bei dem sich möglichst viele bewegen können.

Aller Anfang ist leicht

Sieger im Turnier

Stellt euch vor, eine Gruppe – vielleicht so eine wie wir hier – hat ein (Tisch-)Tennisturnier geplant. Alle sind begeistert, und die ersten Spiele werden mit Feuer und Flamme gespielt. Doch plötzlich beginnt es so zu stürmen und zu regnen, daß man das Turnier abbrechen muß. Nun sitzen sie alle, trinken etwas und versuchen eine Auswertung: Obwohl man nur wenig gespielt hat, läßt sich doch schon eine Rangliste aufstellen, das heißt eine Reihenfolge, wer gut bzw. nicht so gut ist.

Folgende Spielergebnisse liegen vor:
1. Marc hatte gegen Meike keine Chance.
2. Inga verlor gegen Timo.
3. Timo war besser als Marc.
4. Inga war nicht so gut wie Sascha.
5. Meike war Timo überlegen.
6. Marc hatte gegen Sascha keine Chance.
7. Timo gewann gegen Sascha.
8. Marc war besser als Inga.
9. Meike gewann gegen Sascha.

TIP *Man bekommt es ruckzuck heraus, wenn man für jedes Spiel – für jeden Spieler – ein Plus bzw. Minus einträgt.*

Pferdefutter-Knobelei

a) Eine Familie hat zwei Reitpferde und ein Fohlen. Diese 2½ Pferde fressen in 2½ Tagen genau 2½ Ballen Heu. Eine andere Familie hat ein einziges ausgewachsenes Reitpferd gekauft. Wie viele Ballen Heu muss diese Familie bestellen, damit das Pferd für einen Monat mit 30 Tagen etwas zu fressen hat?
b) Die folgende Aufgabe hört sich ein bisschen verrückt an, lässt sich aber von gewieften Tüftlern durchaus lösen:
Es gibt Phantasietiere wie in Comics, die nennt man Quirle; sagen wir: Sie sehen aus wie Frösche. 1 ⅓ Quirle quaken in 1 ⅓ Tagen genau 1 ⅓ Pfund Quark. Wieviel Quark quakt ein Quirl in 50 Tagen?

Ein Strich ändert alles

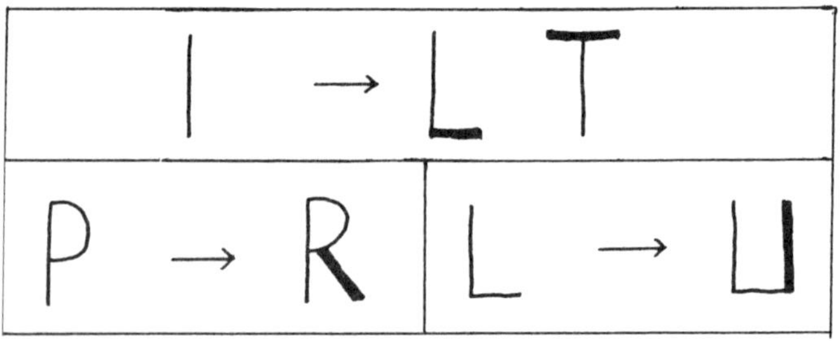

Einige große Buchstaben kann man durch *einen einzigen geraden Strich* so verändern, daß ein ganz anderer Buchstabe entsteht. Es sind weit mehr Buchstaben, als ihr zunächst denkt. Wie viele findet ihr? Und wer findet die meisten?

TIP *Viele Buchstaben findet, wer alle großen Buchstaben des Alphabets aufschreibt und daraufhin untersucht. Sollte man großzügig sein und auch Drehungen und leichte Veränderungen zulassen? Was meint ihr?*

Du wirst Millionär

Du hast nur 1 Euro. Aber jeden Tag kannst du dein Geld verdoppeln. Am wievielten Tag bist du Millionär?

Am 7. Tag gibst du jedoch 28 Euro aus – damit du nicht viel rechnen mußt und schnell zur Lösung kommst.

Alles steht Kopf

Einige Ziffern einer Digitaluhr (oder eines Taschenrechners) sehen genauso aus wie Buchstaben – sofern ihr diese Uhr (bzw. diesen Taschenrechner) auf den Kopf stellt.
Beispiele: Die 3 sieht dann aus wie ein E.
Die 5 sieht dann aus wie ein S.
Wer von euch findet am meisten?

Wann sind alle weg?

Das große Spielfest, das unter dem Motto „Spiel ohne Grenzen" stattfand, lief ganz toll an und brachte allen Leuten sehr viel Spaß. Das sprach sich unter den Kindern und Erwachsenen im Ort schnell herum, so daß ganz bis zuletzt (18 Uhr) noch Neugierige kamen und etwas erleben wollten.
Etwa um 16 Uhr ist der Höhepunkt des großen Spielfestes erreicht. Der große Andrang läßt etwas nach. Um 17 Uhr sind es noch 600 Personen, und jede Minute kommen noch neue Besucher. Aber es beginnt zu bröckeln:

- Um 17.00 Uhr geht 1 Besucher.
- Um 17.01 Uhr gehen 2 Besucher.
- Um 17.02 Uhr sind es schon 4.
- In jeder folgenden Minute gehen doppelt so viele wie in der Minute zuvor.

Gebt die genaue Uhrzeit (in Minuten) an, wann alle weg sind.

Unfall in der Geisterbahn

Viel ist an diesem regnerischen Nachmittag bei der Geisterbahn nicht los. Aber der Chef der Bahn ist der Meinung, sie dürfe nicht länger stillstehen als nötig, denn gerade ihr *Laufen* würde die Leute anlocken. Nach dieser Anweisung des Chefs startet die Bahn ab 15 Uhr alle drei Minuten.
Als die Arbeiter zu Beginn der zwölften Fahrt sehen, wie ein junger Mann durch die einsetzende Fliehkraft zur Seite geschleudert wird, stoppen sie sofort die Bahn. Und tatsächlich: Er ist tot.
Der Kommissar, der alsbald mit seinen Kollegen zur Stelle ist, will wissen, wann genau sie den Toten entdeckt haben. „Es war die zwölfte Fahrt", sagt die Kassiererin.
Da kann der Kommissar die Uhrzeit auf die Minute genau aufschreiben. Wann war es?

Ein schlauer Bauer

In der Fußgängerzone steht neben einem Schild mit jenem Plakat ein gutgekleideter Herr. Offensichtlich gehört er einer Sekte an. Er spricht einen Mann mit etwas abgetragener Kleidung und rotbraunem Gesicht an: scheinbar ein Landwirt oder Bauer.
Der gut gekleidete Herr redet und redet und will dem Landmann eine Broschüre aufschwatzen. Der aber sagt etwas verlegen: „Tut mir furchtbar leid: ‚Schreiben' – das kann ich gerade noch ein bißchen, aber nur für's Allernötigste. Aber das verflixte ‚Lesen' – das kann ich nicht, das hab' ich nie gelernt."
Und er fügt, indem er flüchtig mit dem Daumen auf jenes Plakat deutet: „Vorher kauf' ich mir lieber noch eine große

Packung guten Tabak und zwei von den Flaschen, die ich am liebsten trink'."
Erst als er nicht mehr zu sehen ist, merkt der gut gekleidete Herr, daß der Landmann ihn ausgetrickst hat.
Woran?

Immer mehr Moneten

Für seinen ersten Klassenausflug bekam Tobias von seiner Oma 80 Cent. Zum Ausflug im nächsten Jahr bekam er 1,20 Cent. Im folgenden Jahr waren es schon 1,80 Euro. Er bekommt also jedes Jahr etwas mehr. Wieviel wird er in diesem Jahr bekommen?

Wie viele Geschwister?

In der Familie Müller hat das älteste Mädchen ebenso viele Schwestern wie Brüder. Jeder ihrer Brüder hat aber nur halb so viele Brüder wie Schwestern.
Wie viele Kinder hat die Familie Müller?

Fallgruben, Stolperdrähte

Bei der Entwicklung eines neuen Computerspiels entstand folgendes Problem:
Um dich vor deinem Feind, einem teuflisch-gemeinen Feind, zu schützen, scheint es das Sinnvollste zu sein, vor ihm zu fliehen.
Und um dessen Verfolgung zu behindern, kannst du den Weg hinter dir durch Fallgruben und Stolperdrähte verbarrikadieren. Du kannst dorthin, wo du einmal so eine Fallgrube gebaut hast, nicht noch einmal zurück. Dein Weg soll aber alle vorgegebenen Punkte einmal berührt haben.

Wie verläuft der Weg? Es ist ganz einfach. Probiert es mal! Es gibt viele Lösungen.

1.

2.

Wie die Uhr umstellen?

Ein junges Mädchen fährt mit dem Zug von Deutschland nach England. Kurz vor Mitternacht ist der Zug am Kanal. Das Mädchen will seine Uhr umstellen auf die in England geltende Zeit. (Eine Stunde beträgt der Zeitunterschied.) Da sie weiß, daß in dieser Nacht die Uhren von der Sommerzeit auf die Winterzeit umgestellt werden müssen, berücksichtigt sie das auch gleich mit.
Welche Uhrzeit stellt sie auf ihrer Uhr ein?

Wieviel Geld hat jeder?

Nennt mir bitte einen Spieler! Es ist zum Beispiel Lars.
Wenn ich Lars 1 Euro gebe, haben wir beide *gleich* viel Geld.
Wenn Lars mir 1 Euro gibt, habe ich *doppelt* so viel Geld wie er.
Ihr sollt herausbekommen, wieviel Geld Lars hat und wieviel ich habe.

Wie flink flitzt Fiffi?

Mein Freund Hartmut hat einen großen Hund mit Namen „Fiffi". Oft fährt Hartmut mit seinem Fahrrad einen 10 Kilometer langen Feldweg bis zum Fluß und kehrt dort – nach einer halben Stunde – um. Er fährt recht langsam: mit einer Geschwindigkeit von 10 km/h.

Fiffi bleibt zwar immer in der Nähe seines Herrchens, trottet aber nicht stur hinter dem Fahrrad her, sondern läuft mal einige Meter nach rechts und dann nach links auf das Feld neben dem Weg. Dadurch legt der Hund einen doppelt so langen Weg zurück wie sein Herrchen.
Aber ab und zu muß Fiffi auch mal schnüffeln, dann bleibt er kurze Zeit stehen. Insgesamt steht er ein Fünftel der Zeit still.

Mit welcher Geschwindigkeit läuft Fiffi, wenn er zur gleichen Zeit wie sein Herrchen wieder zu Hause ist?

Krach macht ihn nicht wach

Herr Baier erwidert sehr freundlich den Gruß von Herrn Braun und geht dann auf sein Haus zu. Herr Braun sieht noch, wie in einiger Entfernung zwei halbwüchsige Jungen Herrn Baier etwas hinterherwerfen und dieser Gegenstand – es war wohl ein Feuerwerkskörper – kurz hinter Herrn Baier mit gewaltigem Krachen explodiert. Jeder andere Mensch wäre sehr erschrocken zusammengezuckt, Herr Baier jedoch geht weiter, als ob nichts passiert ist.

Viel Geld gewinnen

Christian geht gern in Spielhallen, um dort an den Spielautomaten sein Glück zu versuchen. Damit durch das folgende Intelligenztraining keiner überfordert wird, nehmen wir an, daß gestern sein großer Glückstag war: Er hat immer gewonnen – wenn auch meistens nur ein Freispiel im Werte von 40 Cent.

- Jedes 3. Spiel gewinnt er jedoch 80 Cent.
- bei jedem 6. Spiel sogar 1,20 Euro, also beim 6., 12., 18., 24. Spiel usw.

Ein Spiel kostet 40 Cent.
Nach wie vielen Spielen hat er sein Startkapital (5 Euro) verdoppelt?

Zeiger weg? Im Versteck!

Als Frau B. in dunkler Nacht auf ihren Wecker schaut, sieht sie den großen Zeiger nicht. Doch wenig später weiß sie, daß es genau 12 Uhr war. Wie oft werden, denkt sie, bevor sie wieder einschläft, die beiden Zeiger noch übereinander stehen, bis es 7 Uhr ist und ich aufstehe?

Wann doppelt so alt?

Der kleine Bert hat gestern Geburtstag gefeiert; es war toll – alle Kinder waren begeistert.
Bert ist jetzt vier Jahre älter als seine Schwester Tanja. In zwei Jahren ist Bert genau doppelt so alt, wie Tanja jetzt ist. Wie alt sind beide Kinder heute?

Das Enten-Rätsel

Ein tierlieber Entenzüchter hatte
- 10 Enten mit je *einem* Küken (also insgesamt 10 Küken),
- 10 Enten mit je *zwei* Küken (also insgesamt 20 Küken),
- 10 Enten mit je *drei* Küken (also insgesamt 30 Küken).

TIP *Er hatte also insgesamt 30 Enten mit zusammen 60 Küken.*

Er hatte drei Ställe, die alle gleich groß, vielmehr gleich klein waren. In jedem Stall möchte er die gleiche Anzahl von Enten sowie von Entenküken unterbringen. Da er, wie gesagt, ein tierlieber Züchter ist, soll keines der Kleinen von seiner Mutter getrennt werden.
Wie schafft er es? Mit einem Zettel und einem Stift findet sich die Lösung viel leichter!

TIP *In jeden Stall kommen also 10 Entenmütter und 20 Entenküken.*

Auf dem Boden bleiben

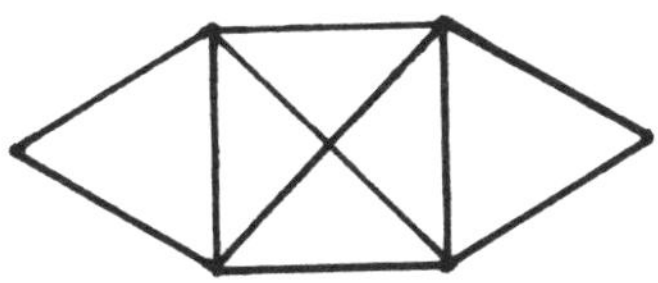

Zeichnet diese Figur. Aber bitte ohne den Stift vom Blatt abzuheben und ohne einen Strich zweimal zu ziehen.
Wer es probiert, findet bald eine Lösung.

Ist euch das gelungen, dann könnt ihr das gleiche auch einmal an dieser Figur versuchen – sie stellt jedoch höhere Ansprüche.

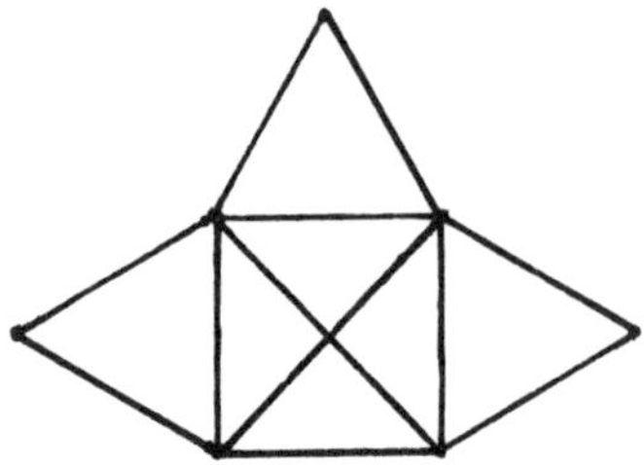

Immer mehr Autos

Vor einigen Jahren, als Familie Gehl in das neue Haus gezogen ist, fuhr nur jede zweite Minute ein Auto an ihrem Haus vorbei. Doch Jahr für Jahr nahm der Autoverkehr um 10 Prozent zu. In diesem Jahr fahren schon doppelt so viele Autos wie damals vorbei.

Im wievielten Jahr wohnt Familie Gehl dort?

TIP *Damit es leichter wird und ihr alles im Kopf rechnen könnt, werden alle Zahlen hinter dem Komma gleich auf- bzw. abgerundet.*

Das große Honigmelonen-Verteilen

Acht Freunde sind bei herrlichstem Sonnenschein seit Stunden im Freibad. Sie sind viel geschwommen, total ausgehungert und sehr durstig.
Ein Junge hat noch eine Telefonkarte dabei, und sie beschließen, daß dieser zu Hause anruft und fragt, ob sie sich die riesige Honigmelone, die er für seine Mutter eingekauft hat, teilen dürfen.
Die Mutter antwortet: „Naja, aber nur, wenn es einem von euch gelingt, die Melone mit nur drei Messerschnitten so zu zerschneiden, daß jeder von euch, also alle acht, ein gleich großes Stückchen erhält!"

Schwierigere Variante: Die Melone mit vier Schnitten so zu zerteilen, daß es zwölf gleich große Stücke gibt.

Videofilme ansehen

Sven hat jeden Tag Zeit, um sich Videofilme anzusehen. In Marcs Haus steht die Videoanlage, aber er hat auch andere Hobbys und nur jeden zweiten Tag Zeit dafür.
Nico hat gute Videokassetten, aber er kann nur jeden dritten Tag.
Heute können zufällig alle kommen. Wie viele Tage vergehen, bis sie endlich wieder *alle zusammen* Videofilme sehen können?

Zusatzaufgabe: Patrick hat noch bessere Kassetten, ist aber nur jeden vierten Tag zu erreichen.

Krimi-Rategeschichten

Umweltverschmutzer erwischt – aber wie?

Wer an der Nord- oder Ostsee oder sonst am Meer badet, ärgert sich zuweilen darüber, daß er in irgendwelche Teerklumpen getreten ist und die schwarzen Flecken mit Mühe – und mit Terpentin – entfernen muß. Und alle, die dort baden, sagen, daß diese Teerklumpen von den Öltankern stammen. Einige Tanker lassen die schweren Ölrückstände, die sich am Boden der Tanks ansammeln, ins Meer ab – natürlich bei Nacht und Nebel.

Neulich hat die Wasserschutzpolizei in der Elbmündung einen großen Öltanker dabei auf frischer Tat ertappt. Sie stellt den Kapitän des Tankers zur Rede. Doch der sagt: „Ich hab' die ganze Nacht fest geschlafen, bis ich durch ihre Schiffssirene geweckt wurde. Und die Schlüssel für die Tanks sind immer bei mir. Ihre Behauptung ist eine infame Unterstellung! Ich werde mich beschweren!"

„Aber daß da ein großer Ölfleck ist, das ist unbestreitbar", sagt der Chef der Wasserschutzpolizei, „und die Vögel, die jetzt in diesen Ölteppich gelangen, werden allmählich sterben! Haben die Vögel einmal Öl im Gefieder, dann putzen sie sich und schlucken das schädliche Öl herunter. Und der Putztrieb der Vögel ist so stark, daß sie über das vergebliche Putzen nicht zum Fressen kommen und verhungern."

„Die armen Vögel, das kann einem ja richtig leid tun", sagt der Kapitän des Tankers, „aber von uns stammt das Öl bestimmt nicht. Vielleicht von dem großen Containerschiff, das ich beim letzten Leuchtturm an uns vorbeiziehen sah. Es ist gut, wenn Sie alles dransetzen, um solche Umweltverschmutzer zu erwischen."

„Ja, das werden wir tun“, sagt der Polizist, „und bei *Ihnen* werden wir mit einer ganz gründlichen Untersuchung anfangen!“

„Wieso denn das?“ will der Kapitän des Tankers wissen. Doch das sollen *Sie* herausfinden!

Für Fernseh-Fans

Das größte Schmuckgeschäft in der Fußgängerzone ist gegen 22 Uhr aufgebrochen und der Tresor ausgeräumt worden. Gleich nachdem die Experten der Kripo untersucht haben, auf welche Weise der Tresor aufgeschweißt worden ist, fährt die Kommissarin zur Wohnung von Ede Klauen. Dort ist auch dessen Freund Alfred.
Als die Kommissarin nach deren Alibi fragt, geben beide an, daß sie den gestrigen Abend zusammen verbracht und ferngesehen haben.
Zum Alibi:
Sie sagen: „Wir haben von 21 bis 22 Uhr bei RTL den Film „Der Clown Crown“ gesehen und zugleich den Film „Der Pferdedieb“ aufgenommen.
Gleich anschließend, von 22 bis 23 Uhr, haben wir uns dann diesen Film angesehen. Sie können ja hier im Programmheft nachgucken, daß der gestern lief. Sie können uns alles zu diesen Filmen fragen, was Sie wollen.
Zugleich haben wir die Sendung vom Tennisturnier in Australien aufgenommen, die wir dann gleich anschließend gesehen haben. Hier ist die Kassette.“

Frage:
Wodurch verraten die beiden, daß ihr Alibi nicht stimmt?

TIP *Nochmals die beiden Sätze vorlesen, die links an der Seite einen dicken Stich haben.*

TIP *Bei den beiden angestrichenen Stellen überlegen, was ein Videogerät kann und was es nicht kann.*

Klunker-Ede hat kein Glück

Klunker-Ede hat sich auf Schmuckläden spezialisiert. Er leistet immer ganze Arbeit. Aber er ist nicht der Schnellste. Bei ihm dauert es immer etwas, bevor es losgeht. So auch neulich abend, als er zu einer noblen Schmuckboutique in der City fuhr. Er war ein bißchen zu spät losgekommen. Sein Kumpel wartete bestimmt schon.
Er raste mit dem Kleinlaster, den er sich irgendwo kostenlos „ausgeliehen" hatte, in Richtung City. Eine Ampel stand schon auf spät-gelb, genaugenommen auf früh-rot. Aber nachts ist da ja keiner. Es ging flott voran. Doch am „Ring" war wohl eine Geschwindigkeitskontrolle. Er wurde geblitzt, aber nicht angehalten, und so war er bald da, wo er seinen Kumpel traf.
Den „Bruch" machten Ede und sein Kumpel auf ihre altbewährte Tour. Ede hatte auf die Ladefläche einige „gefundene" Balken geladen, die etwas über den Wagen hinausragten. Sie fuhren – es war genau 4 Uhr morgens – mit dem Kleinlaster in die menschenleere Fußgängerzone und dann rückwärts mit Schwung gegen die Schaufensterscheibe der noblen Schmuckboutique.
Das klirrte und krachte ganz schön. Aber sie räumten das Schaufenster blitzschnell aus. Bevor die ersten unsanft geweckten Anwohner schlaftrunken aus ihren Fenstern schauten und die Polizei anriefen, waren Ede und sein Kumpel schon längst über alle Berge.
Am nächsten Tag konnten das alle in der Zeitung lesen. Jeder bei der Polizei kannte Klunker-Ede, und es war ja auch seine spezielle Methode, jedoch konnte man ihm nichts nachweisen. Der Kleinlaster wurde gefunden, aber Klunker-Ede

und sein Kumpel hatten Handschuhe angehabt. Beide hatten ein hieb- und stichfestes Alibi: Jeder gab an, er habe in jener Nacht- bis morgens um sechs – mit dem anderen Doppelkopf gespielt. Da war nichts zu machen.

Zwei Tage später wurde Klunker-Ede dann doch verhaftet. Wieso?

Werden sie erwischt?

Der Einbrecher wußte genau, wie er alle Lichtschranken in der Bank umgehen konnte. So kam er unbemerkt an die Schließfächer, in denen einzelne Kunden ihren Schmuck und andere Wertsachen deponieren. Was er nicht wußte, war, daß automatisch die Polizei alarmiert wird, wenn man nachts eines diese Fächer öffnet.
Das Öffnen der Fächer war nicht so ganz einfach. Aber nachdem ihm das beim ersten Fach gelungen war, brauchte er noch genau eine halbe Minute, bis er insgesamt sechs Fächer geöffnet hatte. Er brach alle 24 Fächer auf. Sein Komplize räumte sie immer blitzschnell aus.

Nach genau 2 Minuten und 15 Sekunden war die Polizei zur Stelle und hatte die Bank umstellt. Hat sie die Einbrecher gefaßt, oder hatten diese noch schnell entkommen können?

Was verrät den Dieb?

Im Supermarkt ist eingebrochen worden. Alle Uhren, und das sind sehr viele, sind gestohlen worden. Hat der Nachtwächter geschlafen? Zumindestens hat er den Diebstahl erst um 8 Uhr bemerkt und dann sofort die Polizei angerufen.
Kurz nach dem Eintreffen der Polizei kommt auch – wie jeden Morgen – der *Leiter dieses Supermarktes*. Die erste Per-

son, die er dort sieht, ist der Inspektor. Und den löchert er mit vielen Fragen, die dieser geduldig beantwortet:

– Gab es Verletzte?
– Wann ist das passiert?
– Wie kam der da hinein?
– Haben Sie schon Hinweise auf den oder die Täter?
– Wann hat man Sie angerufen?

Nach dieser Frage dreht der Inspektor den Spieß um: Jetzt ist *er* es, der die Fragen stellt. Es werden immer mehr Fragen. Am Ende dieses zweistündigen Verhörs verwickelt sich der Leiter des Supermarktes in Widersprüche, und schließlich gesteht er den Diebstahl.

Was hat den Inspektor hellhörig und den Leiter verdächtig gemacht?

TIP *Nochmals die am Rand angestrichene Stelle vorlesen.*

Der Einfall – ein Reinfall

Im größten Juwelierladen in Cannes, in dem die Reichen ihren Schmuck kaufen – für Irrsinnspreise übrigens –, ist eingebrochen worden: Die Tresore wurden gewaltsam geöffnet, und fast alle Wertobjekte wurden gestohlen. Die Diebe konnten mit ihrer Beute entkommen.
Die Kriminalpolizei tappt tagelang im Dunkeln. Dann erhält sie – vermutlich aus Hehlerkreisen – einen anonymen Anruf: Johann Ballhoff sei in diesen Fall verwickelt. Der leitende Kommissar läßt Johann Ballhoff vorladen.
„Ich weiß nicht, was Sie wollen!“ entgegnet Johann Ballhoff ihm und legt ihm ein Foto vor: „Dieses Foto beweist, daß ich gar nicht in der Stadt gewesen sein kann. Es beweist, daß

ich in Israel war, in Urlaub nämlich, und zur Tatzeit im Toten Meer gebadet habe. Das Datum auf der Bild-Zeitung beweist es."

Der Kommissar betrachtet das Foto: strahlend blauer Himmel und tiefblaues Wasser. Ganz im Hintergrund, das ist jedoch etwas verschwommen, scheint ein Schwimmlehrer einer Gruppe von Kindern mit Schwimmwesten, die bis zum Kinn im Wasser sind, Schwimmunterricht zu geben. Im Vordergrund ist – ganz groß – Johann Ballhoff zu sehen: Er liegt auf dem Rücken im Wasser, in den Händen hält er die Bild-Zeitung, die er liest.

Der Kommissar denkt: Ein typisches Urlaubsbild vom Toten Meer in Israel. Der Salzgehalt dieses Sees ist so hoch, daß man nicht untergeht und so die Zeitung lesen kann. Und mit der Lupe kann er sogar das Datum auf der Bild-Zeitung erkennen. Johann Ballhoff glaubt, einen sehr guten Einfall gehabt zu haben, doch es wird ein Reinfall: Der Kommissar läßt ihn sogleich verhaften und abführen.

Warum? Was verrät ihn?

Der hustende Häftling

Zwei Drogenbanden, die um Absatzgebiete kämpfen, haben sich zu später Stunde in der Nacht in einem verlassenen Bahnhof eine heftige Schießerei geliefert. Als die Polizei ankommt, ist fast keiner der Schützen mehr zu sehen. Lediglich einen von ihnen, der an einem schweren Husten leidet, können sie festnehmen, weil ein heftiger Hustenanfall ihm eine schnelle Flucht unmöglich macht. Er kommt in eine Zelle des Polizeireviers, stirbt aber noch in der gleichen Nacht.

Der Kommissar liest darüber im Bericht des diensthabenden Polizeibeamten: „Sein Husten, der sich durch die Aufregung bei seiner Festnahme zunächst noch verschlimmerte, wurde bald besser und hörte schließlich ganz auf. Wir ließen ihn,

da er schlafen wollte, in seiner Zelle und widmeten uns anderen Aufgaben, etwa den Anrufen, die es jede Nacht gibt und denen wir oftmals nachgehen müssen. Der hustende Inhaftierte, der sich die ganze Nacht nicht meldete und den wir wegen einer Fülle telefonischer Anfragen und Beschwerden nicht in seiner Zelle aufsuchen konnten, ist mit einem letzten schwachen Husten – wohl gegen Morgen – und vermutlich an seinem schweren Leiden gestorben."
Der Kommissar läßt jenen diensthabenden Polizeibeamten vorladen, und nach stundenlangem Kreuzverhör muß er feststellen, daß jener Polizist zu einer dieser Drogenbanden gehört und daß er jenen hustenden Häftling, der im Dienst der konkurrierenden Bande stand, aus dem Weg geräumt hat.

Was war dem Kommissar verdächtig erschienen und hatte ihn aktiv werden lassen?

Wie den Dieb erkannt?

Eines der vornehmsten und teuersten Hotels in Frankfurt ist das Balton-Hotel. Hier übernachten schwerreiche Leute aus aller Welt. Aber in den letzten Tagen sind aus verschiedenen Zimmern Brieftaschen und kostbare Schmuckstücke gestohlen worden.
Um den Ruf des Hauses zu retten, beschließt die Hoteldirektion, dem Dieb eine Falle zu stellen. Sie läßt ganz unauffällig das Gerücht verbreiten, in Zimmer 816 wohne ein schwerreicher, aber sehr nachlässiger und vergeßlicher älterer Herr. In diesem Zimmer sitzt jedoch der Hausdetektiv. Am folgenden Tag klopft jemand an der Tür von Zimmer 816. Der Hausdetektiv schweigt. Es klopft noch einmal, und dann tritt ein sehr elegant gekleideter Herr in den Raum. Sobald er den Hausdetektiv sieht, sagt er sehr höflich: „Bitte entschuldigen Sie, ich habe mich in der Zimmertür geirrt.

Dies ist ja gar nicht mein Zimmer. Ich bitte vielmals um Entschuldigung." Der Hausdetektiv hält diesen Herrn jedoch fest und übergibt ihn der Polizei. Warum? – Woran erkannte er, daß es der gesuchte Dieb war?

Erwin wird erwischt

„Was is'n das?" fragt einer der beiden Männer von der Autobahnmeisterei seinen Kollegen, als er ganz am Ende des Rastplatzes, den sie säubern sollen, einige Fässer sieht. „Ob da vielleicht irgendwas Giftiges drin ist?" „Einfach rauf aufs Auto – weg mit dem Zeug", meint der andere.
Aber dann rufen sie doch bei der Polizei an. Die Kriminalpolizei findet nach einigen Tagen heraus, daß die Fässer mit der hochgiftigen Substanz ... aus einem Betrieb stammen, der Autoreifen erneuert. Der Chef dieses Betriebes in N... gibt bald zu, daß er Erwin H. 10 000 Euro gegeben hat, damit er die Fässer mit jenem Abfallprodukt – ordnungsgemäß – entsorgt.
Als der Inspektor an Erwins Haustür klingelt und dieser öffnet, sagt Erwin: „Da haben Sie aber Glück, ich bin gerade erst vor einer Minute aus dem Urlaub zurückgekommen." Auf den Vorwurf des Inspektors, daß er die Fässer dort abgeladen habe, entgegnet Erwin: „Von diesem Umweltskandal hör ich jetzt das erste Wort. Ich hab meine Fässer zur Sondermüllstelle gefahren und dort für deren Entsorgung gezahlt. Die Quittung hab ich leider weggeworfen. Sie können mir nichts anhängen. Außerdem war ich an jenem Dienstag viele hundert Kilometer weit weg: bei meinem Freund Ede in Andalusien. Sie können den ja anrufen."
Der Inspektor, der sich oft ärgert, daß viele Umweltdelikte unaufgeklärt bleiben und manche Täter – wegen fehlender Beweise – nicht angemessen bestraft werden, freut sich, daß er Erwin verhaften kann.

Womit hat Erwin sich verraten?

TIP *Die am Rand angestrichenen Stellen nochmals vorlesen.*

Was macht ihn verdächtig?

Es gibt immer noch einige Leute, die es ab und zu einmal vergessen, daß man in bestimmten Discos das Bier bzw. die Limonade sofort austrinken sollte. Denn läßt man sie stehen und geht tanzen, dann nutzen manchmal die Dealer die Gelegenheit, um irgendetwas ins Glas zu tun und so einen neuen Abhängigen zu gewinnen.
Die Kripo führte deshalb in der Disco „Europa" eine Razzia durch. Unter etlichen Tischen und an anderen Stellen fand sie kleine Packungen mit Drogen, die für jene Zwecke benutzt werden. Aber überführen konnte sie niemanden, denn alle, die dort waren, beteuerten, sie sähen diese Packungen zum erstenmal.
Hauptwachtmeister K. befragte etliche Jugendliche. So beispielsweise den blassen Christian, stolzer Besitzer eines Jaguars. Er beteuerte seine Unschuld. Der Hauptwachtmeister nickte zustimmend, räusperte sich und fragte ihn, ob er glaube, daß keiner der Anwesenden in dieser Disco auf diese Tour versuchen würde, einen weiteren abhängigen Kunden zu gewinnen.
„Ja", sagte Christian mit Überzeugung, „das tut keiner".
„Sind Sie der Meinung", fragte der Hauptwachtmeister weiter, „daß man denjenigen, der so die Mädchen auf den Strich bringt und die Jungen auf die schiefe Bahn, in den Knast sperren sollte – auch wenn er einen tollen Jaguar fährt?"
Der blasse Christian gab ihm keine Antwort, und so befragte der Hauptwachtmeister den nächsten. Auf dem Rückweg zum Revier sagte er zum Fahrer: „War mal wieder 'n Schlag

ins Wasser. Nur den blassen Christian, den werd' ich mir vorknöpfen und im Auge behalten."

Wieso?

Der blasse Christian hat sich zwar nicht in einer eindeutig nachweisbaren Weise verraten, aber sich doch sehr verdächtig gemacht. Wodurch?

Es zählt die Zahl

Die Wunder des Wandels

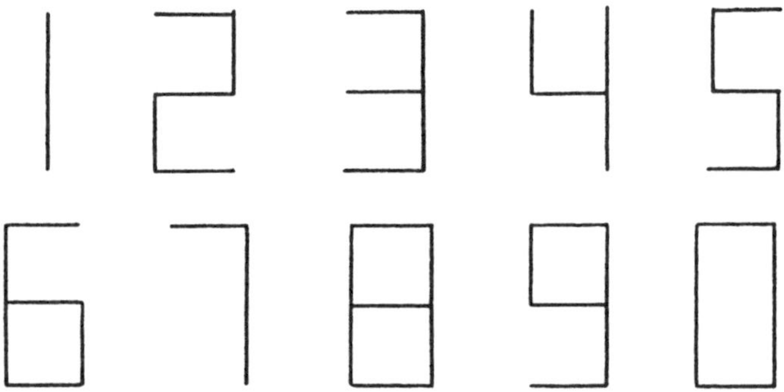

Das sind die Zahlen, die man auf Digitaluhren sieht. Bei manchen Zahlen kann man, wenn man einen *einzigen* geraden Strich hinzufügt, eine *andere* Zahl entstehen lassen: etwa aus einer Neun eine Acht:

1. Beispiel:

2. Beispiel:

Fangt beim Probieren mit der Zahl 1 an: Findet ihr auch nur eine einzige Lösung? Und bei der 2?
Aus welchen beiden Zahlen könnt ihr so die meisten anderen Zahlen entstehen lassen?

Rufnummer – gut zu merken

Einige Telefonnummern sind besonders begehrt: Manche Privatleute und vor allem Firmen sind stark an Telefonnummern interessiert, die sich andere Personen bzw. Kunden leicht merken können.
Dazu gehören die Telefonnummern, bei denen die gleiche zweistellige Zahl dreimal nacheinander steht.

HARDER	21 21 21
POST	39 39 39
DR. NASE	80 80 80

Wie oft gibt es solche Rufnummern in einem Ort mit sechsstelligen Telefonnummern?

Dartboard-Sport

Du wirfst mit drei Pfeilen auf dieses Dartboard. Wie viele Möglichkeiten findest du, genau die Punktzahl 15 zu erreichen?

- Kein Pfeil soll dabei auf den Boden fallen.
- Kein Pfeil soll auf der Grenze zwischen zwei Feldern landen.
- Jeder Pfeil soll in einem anderen Feld stecken.

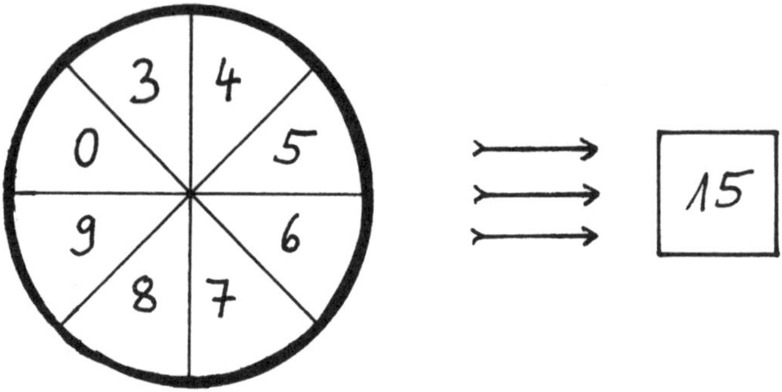

TIP *Es erleichtert dir die Übersicht, wenn du stets die drei passenden Zahlen aufschreibst. Denn es gibt mehrere Lösungen.*

Wieviel bekommt jeder?

Familie Gehl hat drei kleine Kinder. Alle bekommen Taschengeld; aber unterschiedlich viel. Die älteste Tochter bekommt mehr als die anderen, denn sie muß davon alle ihre Schulhefte und Geschenke bezahlen. Das Geld des jüngsten Kindes kommt, weil es damit noch nichts anfangen kann, in ein Sparschwein. Wenn man die drei Taschengeldbeträge miteinander multipliziert, bekommt man die Zahl 55 heraus.

Wieviel Geld bekommt jedes Kind?

Wär' ich der Millionär...

Ein deutscher Millionär hatte beruflich in den USA zu tun. Kurz vor seinem Rückflug zählt er, wieviel Geld der fremden Währung er noch in seinem Portemonnaie hat. Es sind noch genau 100 Dollar. Er beschließt, diese 100 Dollar restlos auszugeben, um seinen Kindern etwas mitzubringen. In dem Shop auf dem Flugplatz findet er aber nur drei Artikel, die ihm gefallen:

Kaugummi:	1 Dollar
Buntstifte:	3 Dollar
Videokassette:	6 Dollar

Er muß seinen Einkaufswagen zwischen den Regalen mit den verschiedenen Artikeln oft hin- und herschieben, bis er von allen die richtige Menge hat, so daß die Kasse den Betrag von 100 Dollar zeigt.

Wär' ich der Millionär, würde ich mir dieses mühselige Hin- und Herlaufen und Probieren ersparen; überlegt kurz, wie viele Artikel er von jeder Sorte nehmen muß.

Der Uhr auf der Spur

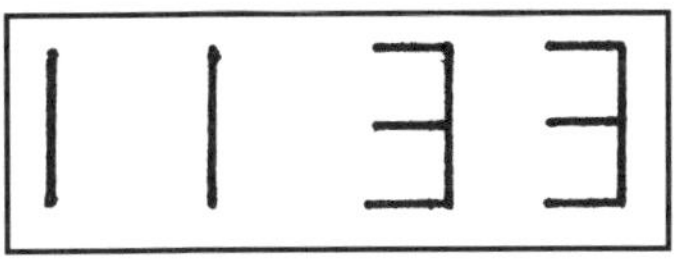

Stellt euch vor, jemand sieht sich einen ganzen Tag lang eine Digitaluhr an. Er sieht dann links bei der Stundenanzeige zuweilen zweimal die gleiche Zahl. Und er kann dann zugleich auch rechts bei der Minutenanzeige zweimal die gleiche Zahl sehen.

Wie viele verschiedene Möglichkeiten gibt es, daß sowohl links als auch rechts zweimal die gleiche Zahl zu sehen ist?

Welche Zahl ist es?

6	1	3	2
9	2	6	1
7	0	5	2
8	3	2	?

Welche Zahl gehört in das Kästchen mit dem Fragezeichen?

Wohin mit der Null?

Stellt euch die Zahlen, wie man sie auf Uhren sieht, aus Streichhölzern gebastelt vor.

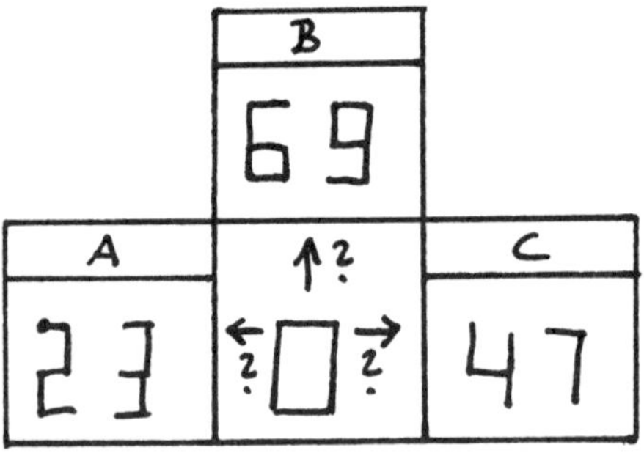

In welches Feld gehört die Zahl „Null"? Ins Feld A, B oder C? Und warum?

Buchstaben und Zahlen verteilen

8 Buchstaben	A	A	A	A	A	A	A	A
8 Zahlen	3	3	3	3	3	3	3	3

Tragt die 8 Buchstaben sowie die 8 Zahlen in die Felder des leeren Kästchens ein. Aber bitte so, daß sowohl

- waagerecht als auch
- senkrecht, aber auch
- diagonal

jeweils 2 Buchstaben und 2 Zahlen stehen.

Die erste Lösung werdet ihr schnell finden. Auch noch weitere?

Vorspulen für Film 3

Ich hab' mir bei Erik eine Videokassette mit drei Filmen ausgeliehen. Wie lang die Filme dauern, wußte er nicht mehr, nur noch, daß sie unterschiedlich lang sind. Den ersten Film fand ich toll, aber den zweiten Film kenne ich und will ihn nicht noch einmal sehen.
Das Zählwerk von meinem Videorecorder zählt etwas anders als das von Erik. Bei meiner Anlage beginnt der zweite Film mit 2040.
Bis wie weit muß ich vorspulen, um den Anfang des dritten Films zu sehen?

	bei Erik	bei mir
1. Film	ab 0	ab 0
2. Film	ab 1632	ab 2040
3. Film	ab 2856	ab ?

Oben oder unten?

1	4	7	41	?
0	6	8	90	?

Einige Zahlen stehen in den oberen Kästchen, andere in den unteren Kästchen. Wohin müßte man die Zahl „3" schreiben – in das obere Kästchen oder das untere? Warum?

Schicki-Micki mit Zahlen

Diese Aufgabe muß doch ganz leicht sein, denn es kommen in ihr nur zwei verschiedene Zahlen vor.

$$
\begin{array}{r}
\text{F} \\
\text{G G G G} \\
\text{G G G G} \\
+\,\text{G G G G} \\
\hline
\text{F 0 0 0 0}
\end{array}
$$

Für jeden Buchstaben mußt du eine Zahl einsetzen, für gleiche Buchstaben die gleiche Zahl: für G beispielsweise die Zahl 7 – aber welche ist nun richtig?
Variante: Für gewiefte Tüftler könnte man in der letzten Zeile unten nicht „F" und vier „Nullen" schreiben, sondern für Null einen weiteren Buchstaben einführen, also z.B.
F R R R R schreiben.

Viermal die gleiche Zahl

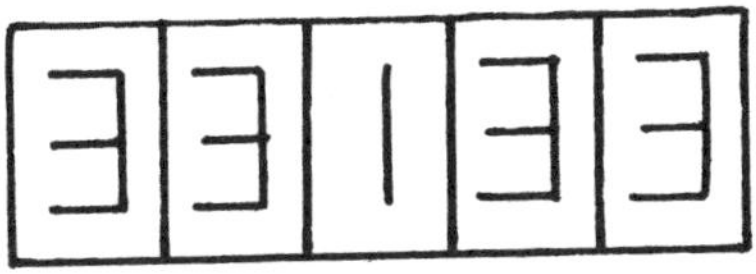

Wie oft taucht auf dem Tacho viermal die gleiche Zahl auf, bis ein neues Auto 100 000 Kilometer gefahren ist? Diese vier gleichen Zahlen müssen keineswegs unmittelbar hintereinander stehen.

Verteile ohne Eile

Schreibt die Zahlen 4, 6 und 9 in die kleinen Kästchen. Aber bitte so, daß die Summe sowohl in jeder Zeile als auch in jeder Spalte immer 19 ergibt:
Es soll
- von oben nach unten sowie
- von links nach rechts

immer 19 sein.

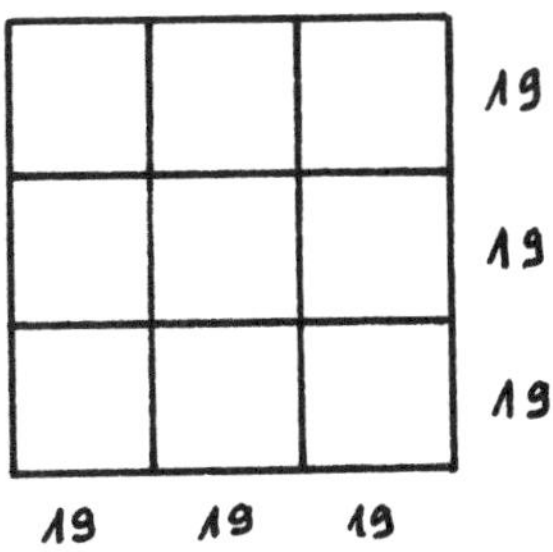

Blitzschnell schätzen

Wenn man beide Säulen addieren würde, welche würde die größere Summe ergeben? Was meinst du?

a	b	c	d	e	f	g	h
8	7	6	5	4	3	2	1
	7	6	5	4	3	2	1
		6	5	4	3	2	1
			5	4	3	2	1
				4	3	2	1
					3	2	1
						2	1
							1

a	b	c	d	e	f	g	h
1	2	3	4	5	6	7	8
1	2	3	4	5	6	7	
1	2	3	4	5	6		
1	2	3	4	5			
1	2	3	4				
1	2	3					
1	2						
1							

Wer weiß den Kreis?

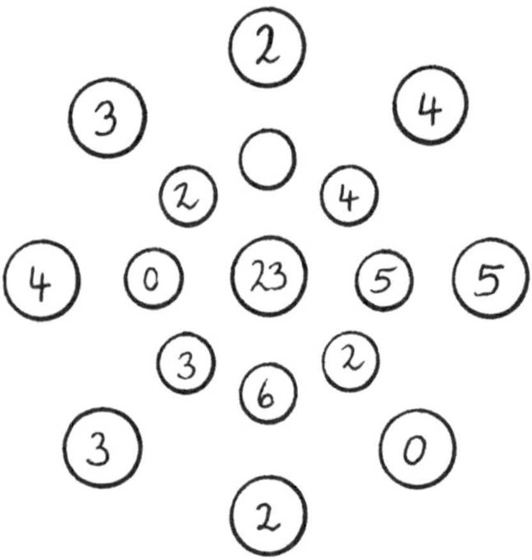

Welche Zahl muß man in den *leeren* Kreis schreiben?

Aufgewacht um Mitternacht

Ihr wacht nachts auf. Ihr seht auf den Wecker und stellt fest, daß es gerade Null Uhr ist.

Wie oft sieht man eine neue *Zahl* auf dieser Uhr, bis es genau 1 Uhr geworden ist? (Die Zahlen, die die Skizze rechts zeigt, zählen wir nicht mit.)
Ein wenig kniffliger ist die folgende Frage: Wie oft ist dort in derselben Zeit eine andere *Ziffer* zu sehen?

Stets hundert – ganz simpel

22	23	27	28	= 100
22	23	27	28	= 100
22	23	27	28	= 100
22	23	27	28	= 100

In jedem dieser Kästchen liegt ein Zettel mit einer Zahl. Ihr könnt die Zettel aus den Kästchen herausnehmen und in ein anderes Kästchen legen.
Ich glaube, ihr schafft es, diese Zettel so hinzulegen, daß immer die vier Zahlen in den senkrechten Reihen, also in den vier Kästchen von oben nach unten, zusammengezählt genau 100 ergeben.
Zugleich sollen aber auch die vier Zahlen in jeder waagerechten Reihe, also von links nach rechts, zusammengezählt genau 100 ergeben.

Zusatzaufgabe für Pfiffige: Versucht, das gleiche auch für die Zahlen der beiden Diagonalen zu erreichen.

Die Wahl der Zahl

Gleiche Symbole sollen die gleiche Zahl bedeuten – aber welche?

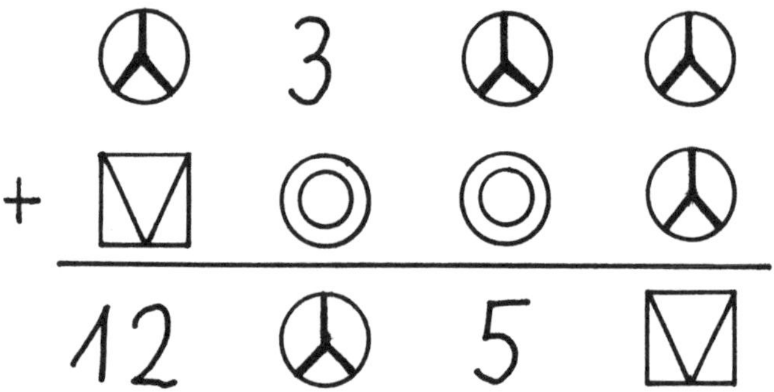

Das Geheimnis des Spions

Ein Geheimspion rief seine Zentrale an und sagte, daß er die gesuchte Zahl herausgefunden habe. In der Zentrale kam bald danach ein Telegramm an.
Wer entschlüsselt es und findet heraus, welcher Buchstabe welche Zahl bedeutet?
Laßt euch ruhig Zeit dabei!

```
    VATER
 + MUTTER
 --------
   ELTERN
```

Welche Zahl paßt?

Welche Zahl gehört in das Feld mit dem Fragezeichen?

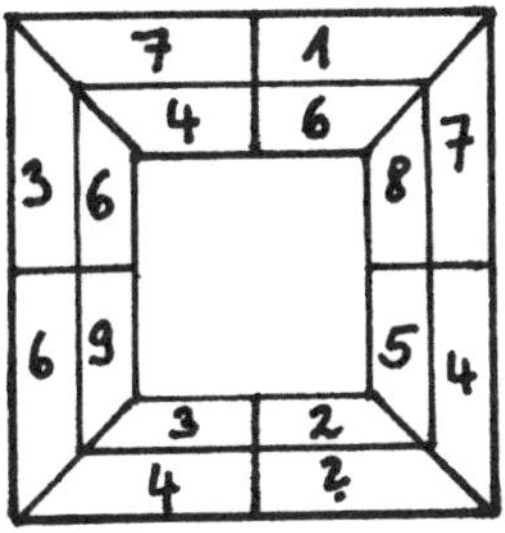

Fix beim Zahlenmix

Das kann jeder:

0 + 1 + 2 + 3 + 4 + 5 + 6 + 7 + 8 + 9 = ?

Es gilt alle Zahlen von 0 bis 9 so zu addieren, daß es genau 99 ergibt.
Alle diese Zahlen müssen einmal verwendet werden. Aber keine Zahl darf mehrmals genutzt werden.
Die Reihenfolge der Zahlen könnt ihr verändern. Und ihr könnt auch zwei Zahlen nebeneinanderschreiben: beispielsweise die 0 und die 3 als 30.

Goldring zu gewinnen

Diese Tüftelei stammt von einem Goldschmied, der mir einen Ring schenken wollte, wenn ich sie in drei Minuten löse:

2, 3 , 4, 5, 6, 7 = 28

Verwendet jede der Zahlen 2 bis 7, aber keine Zahl mehrmals.

Addiert oder subtrahiert diese Zahlen oder benutzt eine der anderen vier Grundrechenarten, das Multiplizieren oder Dividieren, so oft ihr wollt, aber bitte so, daß es *28* ergibt. Versucht es auch mit einer ganz anderen Reihenfolge dieser Zahlen. Und denkt auch an die Klammerrechnung.

+	-
x	:

Zusammenzählen – aber wie?

A	8 8 8	B	7 7 7
	5 5 5		2 2 2
	4 4 4		5 5 5
	———		———

Streiche von den neun Zahlen bei Aufgabe A und B jeweils sechs Zahlen – und zwar so, daß sich bei Aufgabe A die Summe 59 und bei Aufgabe B die Summe 32 ergibt.

Genau hinsehen!
(= Formen und Reihen erkennen)

Logische Fortsetzungen

Wer kann die folgenden Reihen fortsetzen?

1)	7	9	11	13	15	?	
2)	4	7	6	9	8	11	?
3)	A	C	E	G	?		
4)	24	19	15	12	10	?	
5)	E	F	H	K	0	?	

Pädagogischer Hinweis: Bei allen diesen Aufgaben kommt es darauf an, die Struktur, die der jeweiligen Reihe zugrunde liegt, zu erkennen und die logische Fortsetzung zu finden.

Die fehlenden Zahlen finden

Auch hier gilt es, logisch zu denken: eine Gesetzmäßigkeit zu erkennen und dann ins letzte Kästchen die fehlenden Zahlen einzutragen.

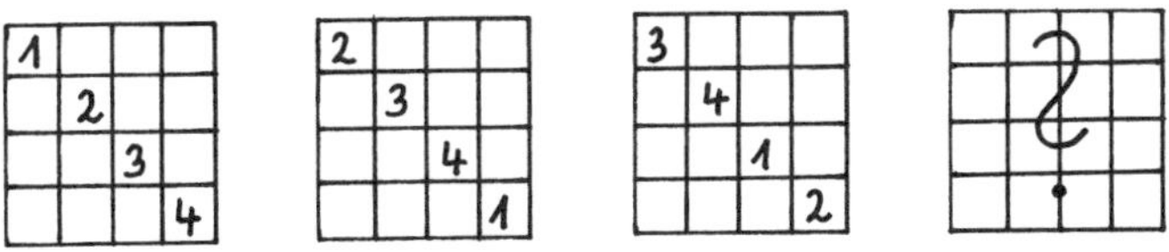

Wer findet das Zeichen?

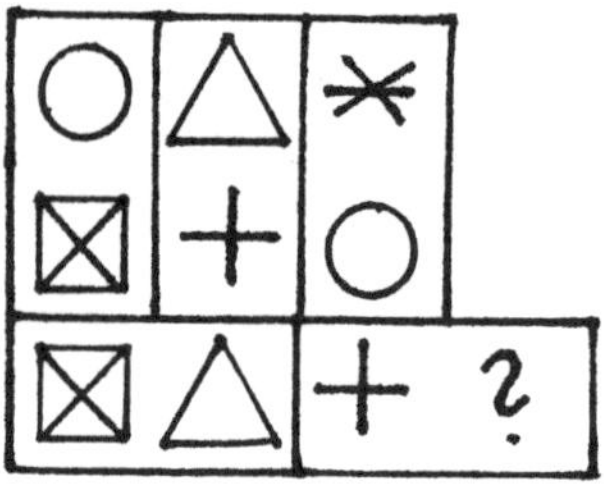

Welches Zeichen müßte man dorthin malen, wo das Fragezeichen ist?

Das fehlende Bild finden

Ihr seht in jeder Reihe mehr oder weniger vollständige Skizzen. Wenn ihr euch ein Bild nach dem anderen anseht, könnt ihr erkennen, nach welcher logischen Gesetzmäßigkeit sich diese Bilder verändern. Habt ihr diese Gesetzmäßigkeit erkannt, fällt es euch bestimmt leicht, anzugeben, wie das noch fehlende Bild im vierten Kästchen aussehen muß.

1)

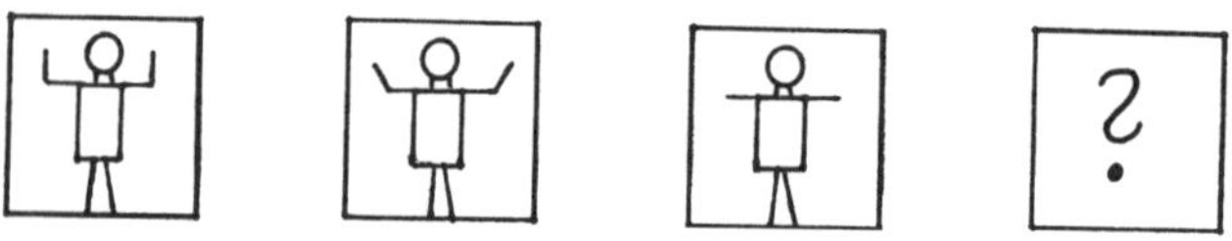

2) Sonnenaufgang am Meer: bei steigender Flut

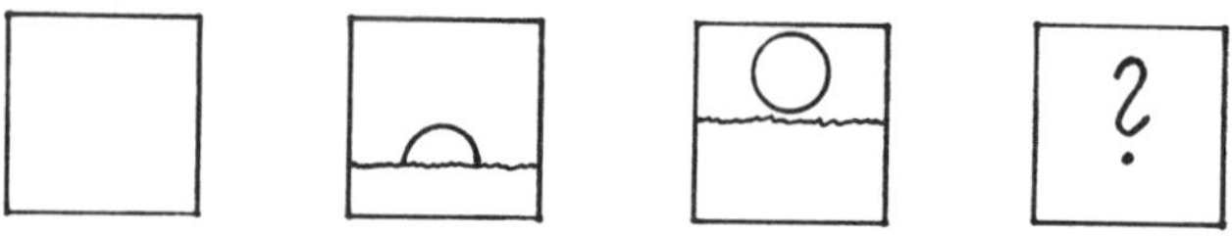

3) Die folgende Aufgabe stellt höhere Ansprüche, denn ihr müßt auf mehr als nur eine einzige Veränderung achten. Welche der angegebenen sechs Lösungsmöglichkeiten (A, B, C, D, E oder F) ist die sinnvolle Fortsetzung?

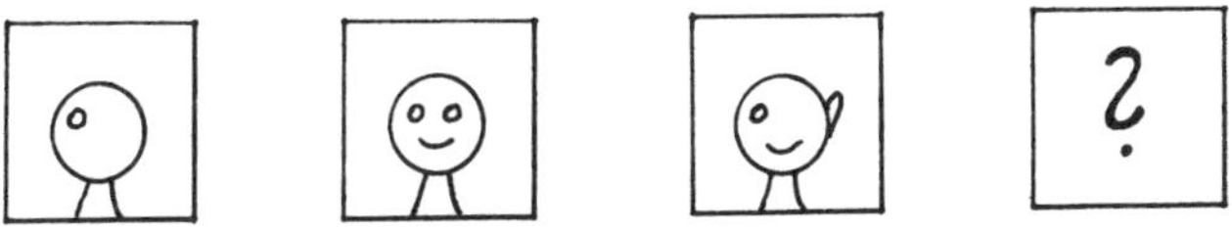

Nur ein einziges Bild ist richtig – aber welches?

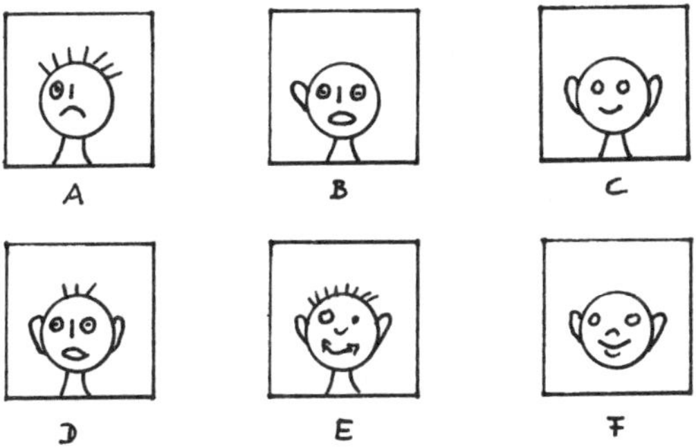

Gesetzmäßigkeit gesucht

Seht euch die erste und dann die zweite und schließlich die dritte Figur in der 1. Zeile an. Macht das gleiche in der 2. Zeile, und findet heraus, nach welcher Gesetzmäßigkeit diese gebildet wurden.
In der letzten Zeile fehlt die letzte Figur. Welche von den sechs Figuren, die ihr im Feld rechts daneben seht, ist die Lösung?

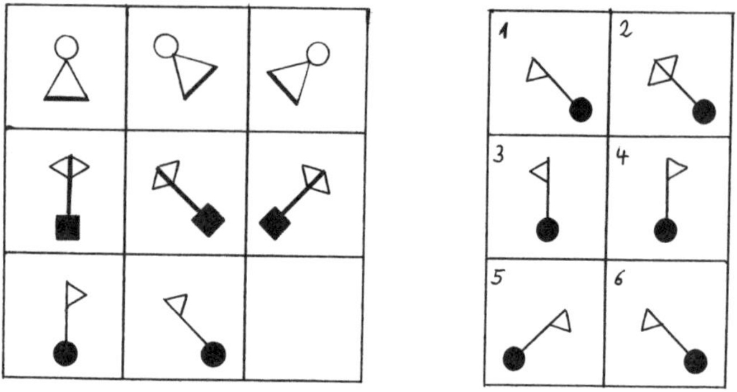

Ihr habt noch eine Chance:

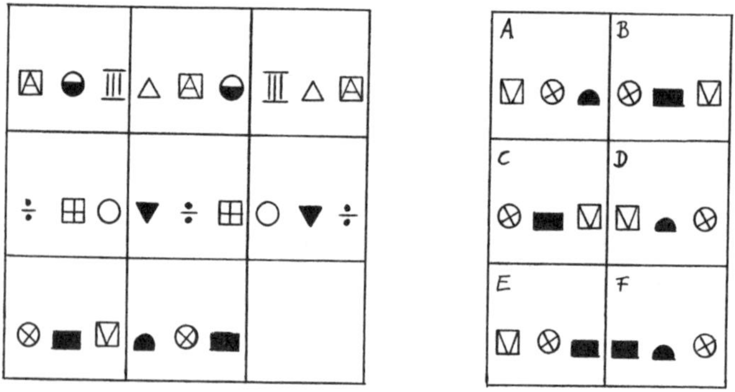

Was zeigen die Zeiger?

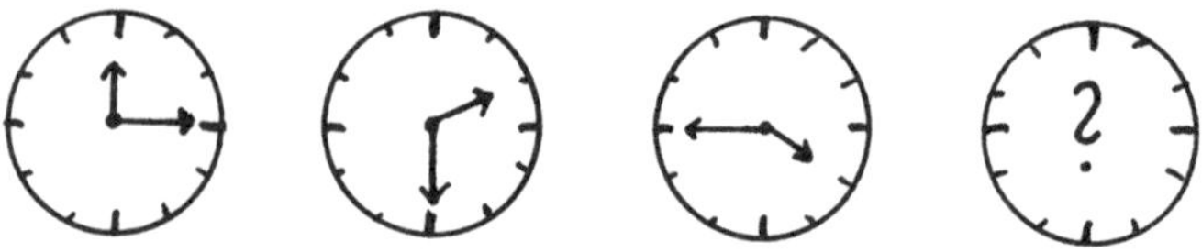

Welche Uhrzeit müßte die vierte Uhr zeigen, die die begonnene Reihe fortsetzen soll?

Ursprüngliche Uhrzeit?

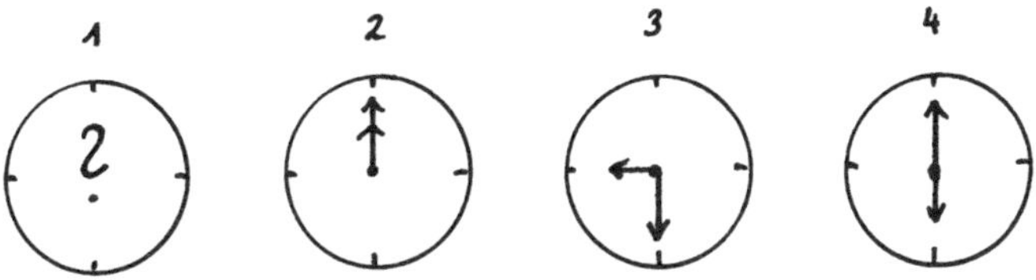

Welche Uhrzeit müßte die erste Uhr zeigen, wenn sie die Reihe der anderen Uhrzeiten fortsetzt?

Die tolle Torte

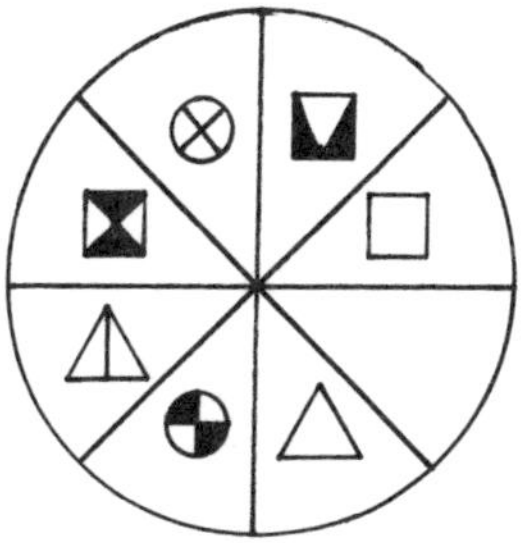

Welches der folgenden acht Zeichen muß man nehmen, um die Torte zu verzieren, wenn man beweisen will, daß man ganz logisch denken kann?

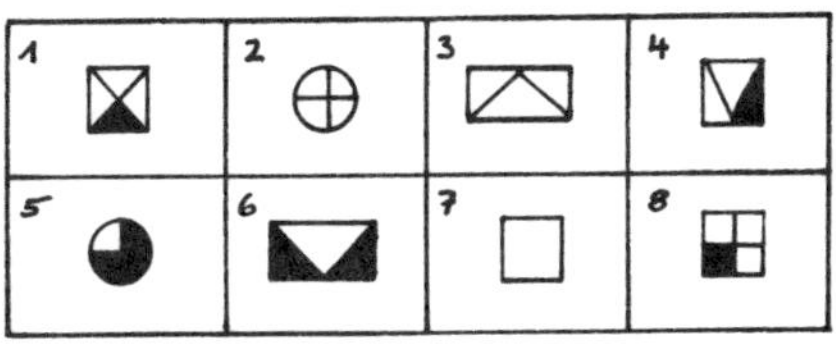

TIP *Entdeckt ihr etwas, worin verschiedene Zeichen übereinstimmen?*

Vier Vorlagen für ein Haus

Links oben in dem folgenden Kasten seht ihr ein Haus. Nehmt – in Gedanken – eine Schere und schneidet die vier Papiervorlagen in diesem Kasten aus.
Welche dieser vier Vorlagen könnt ihr zu dem Haus, das ihr seht, falten? Oder ist es keine davon?

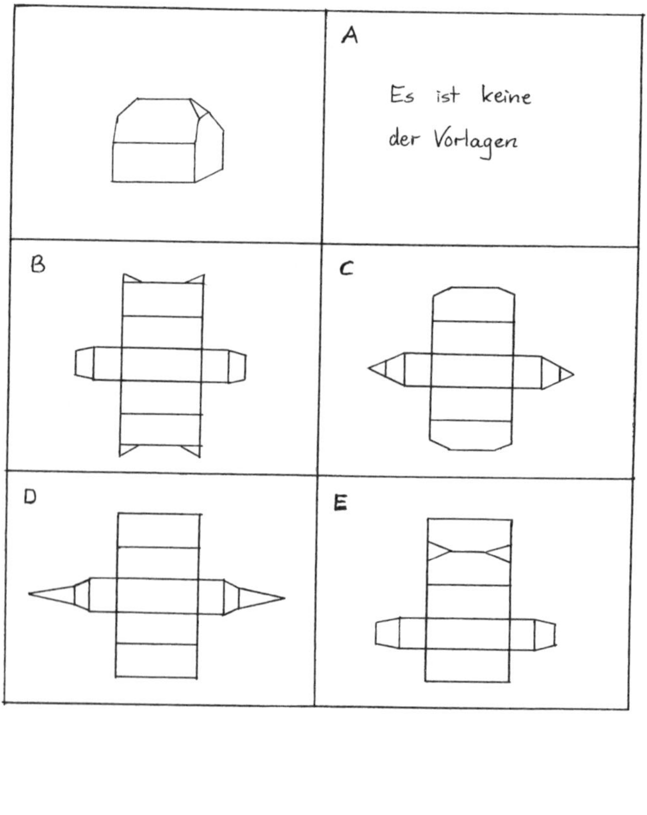

Zwei Teile – ein Ganzes

Ihr seht im Kasten etliche Fragmente von großen Buchstaben. Fügt diese zu sinnvollen Wörtern zusammen.

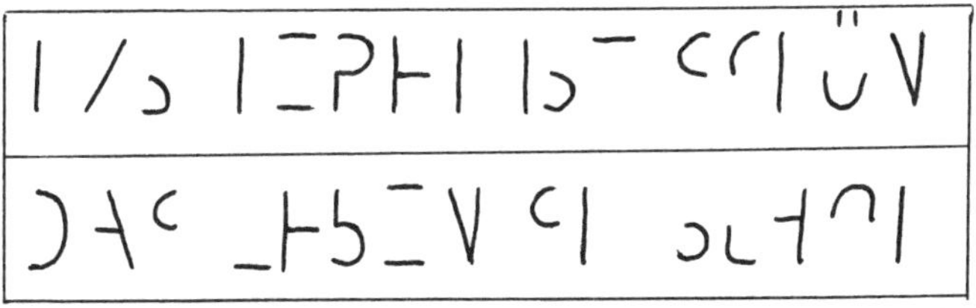

TIP *Probiert es einfach hier und dort, bis ihr die richtige Lösung (ein kurzer Satz) gefunden habt.*

Wer findet die Zahl?

Welche Zahl muß man in das Feld mit dem Fragezeichen schreiben?

M	5	G
V	6	O
H	4	C
Z	7	R
K	?	B

TIP *Könnt ihr einen Zusammenhang zwischen den Buchstaben und der Zahl entdecken?*

Wer findet den Fehler?

3	HH	6	KK	12	FF	6	EE	3

Hier sind Zahlen und Buchstaben aneinandergereiht, und zwar nach einem bestimmten ausgeklügelten System.
Wer von euch dieses System erkannt hat, dem fällt auch schnell der Fehler in dieser Reihe auf.
Wo steckt der Fehler bzw. die Unregelmäßigkeit?

TIP *Um die Regelmäßigkeit dieses Systems zu erkennen, kann man die Reihe von links, aber auch von rechts aus betrachten.*

TIP *Bei dieser Art von Aufgaben werden oft Symbole übersprungen, so daß immer jedes zweite Symbol – aneinandergereiht – eine Regel erkennen läßt.*

Auto an Auto

Eine Frau sieht, wenn sie aus dem Fenster schaut, zwei Straßen: eine im Vordergrund, eine in der Ferne. Auf beiden Straßen fahren Autos.

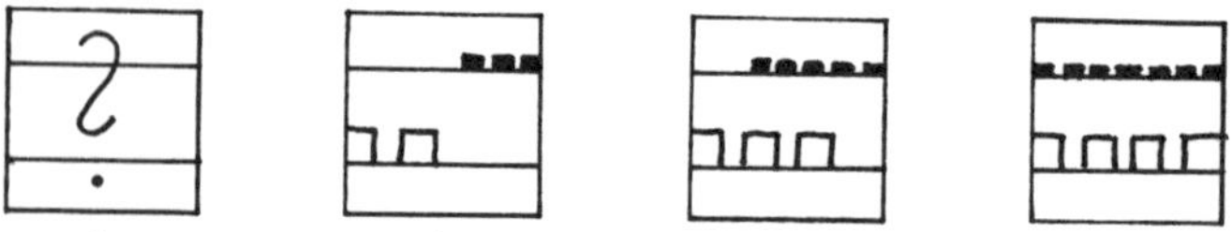

1 2 3 4

Wie müßte – logisch gedacht – das 1. Bild aussehen? Am besten ist es, ihr skizziert es.

Bloß ein Buchstabe

Diese Knobelei ist immer wieder ein Erfolg. Ich schreibe euch fünf Buchstaben auf:

Ihr sollt dieser Reihe einen *sechsten* Buchstaben hinzufügen. Aber welchen?

Folge und Fehler finden

Hier ist etwas bei den Zeichnungen falsch. In welcher Reihenfolge müßten die Zeichnungen stehen, wenn sie den Gesetzen der Logik folgen?

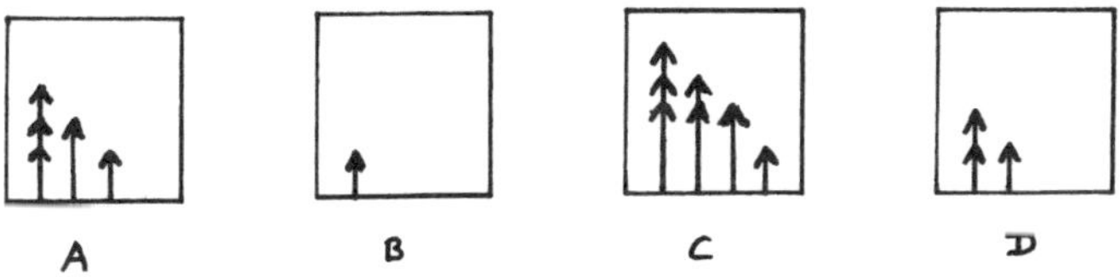

Vielleicht ist euch bereits der eine der beiden kleinen Fehler in diesen Zeichnungen aufgefallen.
In welcher Zeichnung ist etwas falsch?

Symbol gesucht

Welches Zeichen oder Symbol müßte man in das leere Kästchen am Ende der Schlange malen, in das Kästchen mit dem Fragezeichen?

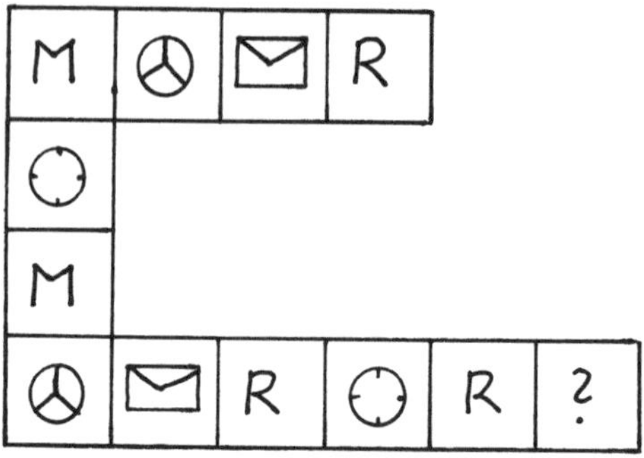

Wie den Würfel gedreht ?

Alle drei Bilder zeigen den gleichen Würfel. Wenn ihr den ersten Würfel und dann immer den folgenden anseht, könnt ihr erkennen, in welche Richtung wir den Würfel gedreht haben, und zwar jeweils um 90 Grad.
Stellt euch vor, ihr dreht nun den dritten Würfel in der gleichen Weise: Welche Augenzahl ist dann auf der vorderen Seite des Würfels zu sehen?

Streichholzspiele

Zündholz-Zehn

Mit acht Streichhölzern kann man nicht nur einmal die Zahl „Zehn“ schreiben, sondern mehrmals. Man muß dazu jedoch die Hölzer wieder aufnehmen und – alle oder einige – neu hinlegen. Auf wie viele verschiedene Weisen kann man so die Zahl Zehn schreiben?

1. Beispiel	2. Beispiel

Vorfahrt für Pfiffige

Diese Streichholzknobelei ist recht einfach. Ihr könnt mehrere Lösungen finden.
Nehmt *vier* dieser Streichhölzer weg, und legt sie so wieder hin, daß dann *drei* Quadrate vorhanden sind.

Die Glücks-Dreizehn

Diesmal bekommst du 13 Streichhölzer. Du wirst sehen, die „Unglückszahl" wird dir Glück bringen.
Wie kann man aus 13 Streichhölzern sechs Rechtecke legen, die alle gleich groß sind?

Die Vier-zu-Drei Zauberei

Man muß dazu nicht zaubern können, sondern nur probieren und etwas nachdenken: Verändere die Lage von nur 4 Streichhölzern, und zwar so, daß von den 4 Quadraten eines verschwindet: daß also 3 Quadrate daraus werden. Es darf kein Streichholz übrigbleiben.

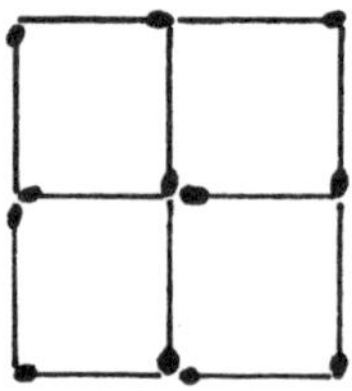

Kreuz zu Kästen

Diese Figur besteht aus zwölf Streichhölzern. Die Lage von nur drei Streichhölzern darf verändert werden. Es sollen drei gleich große Quadrate entstehen.

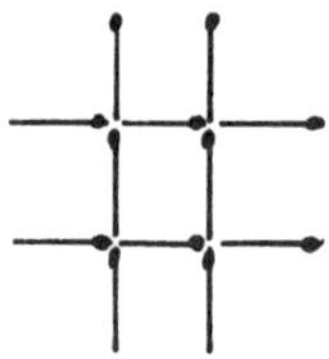

Aus neun werden sechs

Du bekommst 9 Streichhölzer und sollst daraus – ohne daß eines übrigbleibt – 6 Quadrate bilden.
Probier' es mit Zettel und Bleistift!

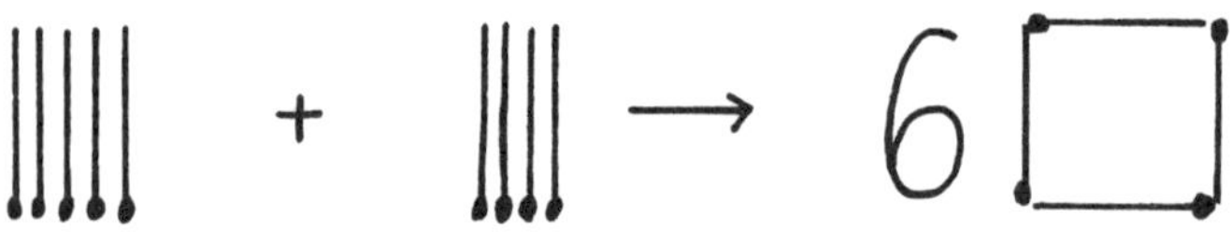

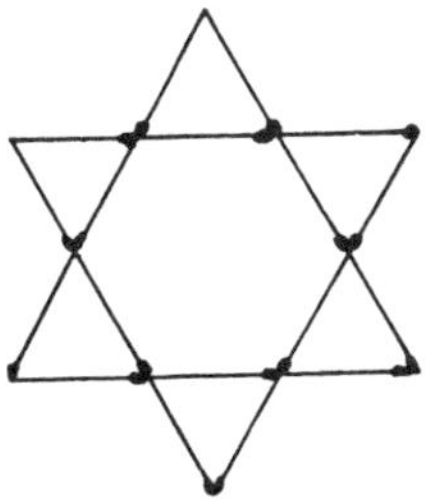

Dreiecke verschwinden

Dieser Stern, der aussieht wie ein Weihnachtsstern, besteht aus 8 Dreiecken: 6 kleinen und 2 großen Dreiecken. Die Lage von 2 Streichhölzern soll so verändert werden, daß es nur noch 6 Dreiecke sind. Kein Streichholz darf übrigbleiben.

Verbessert das Falsche!

Hier stimmt etwas nicht:

Nehmt *zwei* Streichhölzer auf und legt diese anders hin, so daß die Gleichung stimmt.
Findet ihr zwei Lösungen?

Köpfchen, Köpfchen

Das folgende Bild zeigt 5 gleiche Quadrate. Die Lage von nur 3 Streichhölzern darf verändert werden. Aus den 5 Quadraten sollen 4 Quadrate, die sich berühren, entstehen.

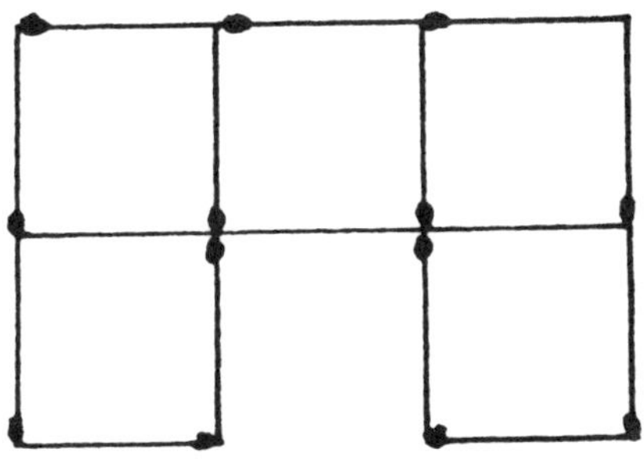

TIP *Nach einigen Minuten kann man eine Hilfe geben:*
– Wie viele Streichhölzer sind es?
– Wie viele Quadrate?
– Was folgt daraus?

Drei Quadrate ?!!

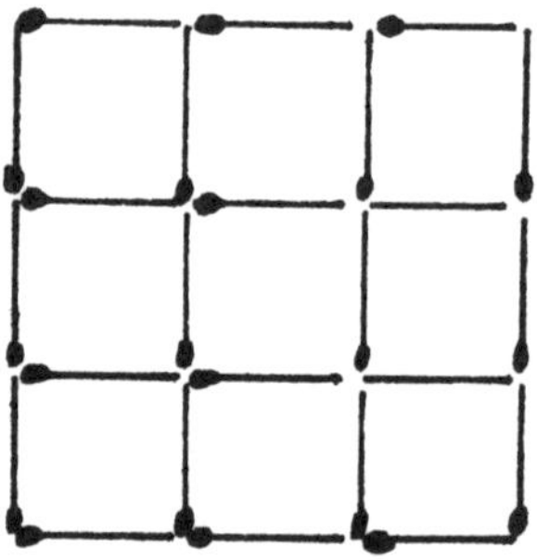

Aus Streichhölzern haben wir 9 Quadrate gelegt. Entfernt 6 Streichhölzer (nicht mehr und nicht weniger), und zwar so, daß nur 3 Quadrate übrigbleiben.

TIP *Die zu findenden Quadrate sind verschieden groß.*

TIP *Man muß 6 Hölzer aus dem Inneren der Figur wegnehmen.*

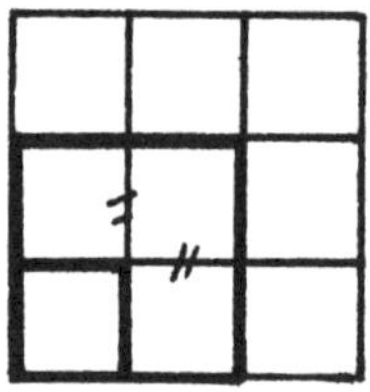

TIP *Nehmt die beiden durchgestrichenen Hölzer weg. Betrachtet dann die linke untere Ecke der Figur. Wie viele Quadrate seht ihr jetzt?*

Pädagogischer Hinweis: Dieses Streichholzspiel ist in besonderer Weise dazu geeignet, die visuelle Vorstellung und das visuelle Gedächtnis zu trainieren.

Der Dreieck-Trick

Ihr dürft die Lage von *vier* Streichhölzern verändern. Legt sie dann so hin, daß es *sieben* Dreiecke ergibt. Es geht – man muß nur etwas probieren.

Raus aus der Mitte!

Alle vier Streichhölzer müssen aus der Mitte verschwinden. Du darfst aber nur drei Streichhölzer berühren.

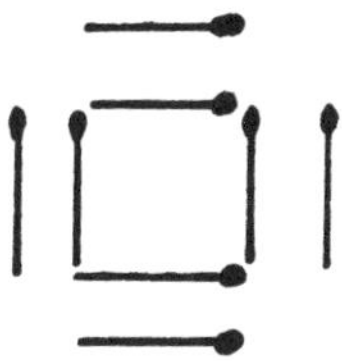

Die Ein-Ei-Knobelei

Zwischendurch mal eine leichtere Aufgabe zum Erholen:

- Ihr bekommt genau 20 Streichhölzer.
- Legt sie so hin, daß daraus ein Ei entsteht.
- Kein Streichholz darf übrigbleiben und keines geknickt werden.

Variante: Versucht es auch einmal mit 13 Streichhölzern.

Viel verändern im Haus

Vielleicht habt ihr das Bild dieses Hauses, das aus 11 Streichhölzern besteht, schon irgendwo gesehen. Aber die Aufgabe, wie dieses Haus umgebaut werden soll, ist ganz neu. Verschiebt *zwei* dieser Streichhölzer.

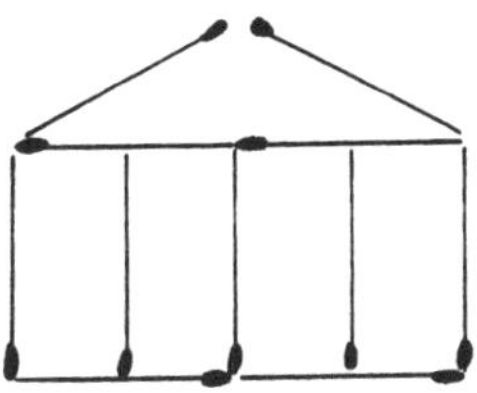

Es sollen *21 Rechtecke* entstehen.

TIP *Zwei kleine Rechtecke bilden zusammen ein neues.*

Hier eine weitere Umbau-Aufgabe:
Dieses Mal dürft ihr *vier* Streichhölzer verschieben.
Aber so, daß *15 Quadrate* entstehen.

Ein Haus aus Sektgläsern

3 Sektgläser sind hier aus Streichhölzern entstanden.

Aus diesen Gläsern soll man ein Haus bauen. Aber unter der Bedingung, daß man nur 6 Streichhölzer verschiebt und keines übrigbleibt.
Die Lösung zu finden, ist nichts für Anfänger.

TIP *Nach einiger Zeit kann man eine Hilfe geben:*
Die Entfernungen zwischen den Gläsern sind nicht zufällig entstanden, sondern gerade so gewählt worden, daß …

Um die Ecke denken

Nehmt vier Streichhölzer auf und legt diese wieder hin, und zwar so, daß jeder auf den ersten Blick erkennt, daß das –

ohne jeden Zweifel – vier Quadrate sein sollen. (Es dürfen auf keinen Fall fünf Quadrate sein.)

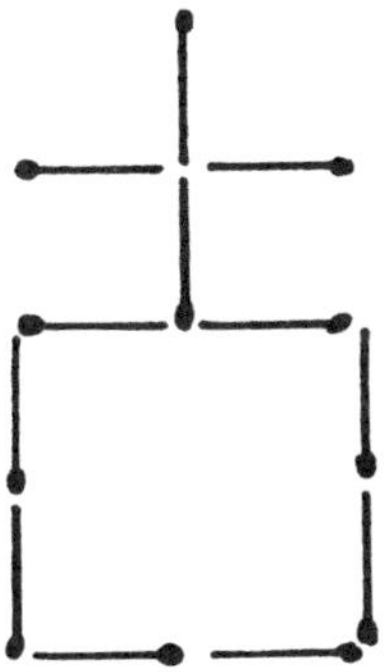

TIP

Zur Lösung müßt ihr um die Ecke denken und einen Trick nutzen. Leute, die ihn nicht finden, nennen ihn einen „nicht ganz fairen" Trick. Die wenigen Leute, die darauf kommen, finden die Lösung jedoch ganz legal.

Vorsicht, Glatteis! (= Denksport mit Kniff)

Bunte Blumenpracht

Zu Vaters 50. Geburtstag kamen viele Leute, um ihm zu gratulieren. Da es Hochsommer war, brachten viele Blumen mit – meistens aus dem eigenen Garten.
Damit es beim Empfang der Gäste nicht zu turbulent wurde, half die kleine Sonja und stellte alle Blumen ins Wasser: einen Strauß gelber und roter Rosen, einen Strauß wunderschöner Margeriten, einen aus gelben Narzissen, einen aus Phlox usw.
Als die Hausfrau sich am nächsten Tag die Blumen genauer ansah und Wasser in die Vasen nachfüllte, spiegelte sich in ihrem Gesicht große Freude, vorübergehend aber auch ein verständnisvolles Lächeln.
Wieso?

Ein Trick – jeweils vier Stück

Dies ist eine etwas knifflige Aufgabe. Da muß einem schon ein Trick einfallen, wenn man eine Lösung finden will.
Hier liegen 6 Bierdeckel. Einen einzigen davon darf man anfassen und auf einen anderen Platz legen. Und dann sollten in jeder Reihe 4 Bierdeckel liegen. Aber wie?

TIP *Wenn nach 2 bis 3 Minuten keiner den Einfall gehabt hat, kann man folgende Hilfe geben: Man sollte den Bierdekkel mit der Nummer 4 aufnehmen.*

Zweikampf mit dem Spielleiter

Ich fordere die Mitspieler auf, mir irgendeine Zahl zwischen 10 und 25 zu sagen. Ich lege dann genauso viele Streichhölzer (oder Erdnüsse oder Salzstangen) auf den Tisch (bzw. male ebenso viele Striche auf ein Blatt Papier).
Wer nimmt es mit mir auf? Jeder von uns beiden muß immer abwechselnd 1, 2 oder 3 Streichhölzer vom Haufen wegnehmen (bzw. 1, 2 oder höchstens 3 Striche durchstreichen). Wer das letzte Streichholz wegnehmen muß, hat verloren.
Wer anfängt, ist mir egal. Ich gewinne immer!

Die Polizei fand nichts dabei

Die junge Frau war stolz auf ihren Wagen. Er war nicht sehr groß, hatte aber das tolle Design eines Sportwagens. Als sie um die Ecke kam, muß sie noch langsam gewesen sein, denn sie war den beiden Polizisten, die in ihrem parkenden Streifenwagen saßen, noch nicht aufgefallen.
Sie sahen jedoch, daß sie keinen Blick auf das Schild mit der Geschwindigkeitsbeschränkung warf, und den Zebrastrei-

fen überquerte sie, ohne ihre Geschwindigkeit auch nur ein bißchen zu verringern.
Sie kümmerte sich auch nicht um das absolute Halteverbot, als sie Geld aus dem Automaten einer Bank holte.
Übrigens: Kfz-Papiere hätte sie den Polizisten auch nicht zeigen können. Aber die beiden fragten sie auch gar nicht danach. Die beiden sonst so gewissenhaften Polizisten blieben einfach in ihrem Wagen sitzen und schritten nicht ein.
Warum?

Gefüllte Gläser

Manche Hausfrau hat in der Küche Glasgefäße für Zucker, Salz, Mehl, Rosinen usw.

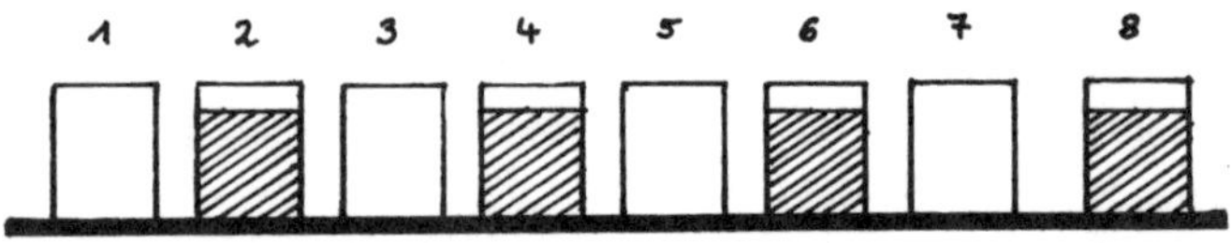

Auf diesem Regal stehen acht von diesen Glasgefäßen. Vier von ihnen sind gefüllt. Hier sollt ihr etwas für Ordnung sorgen: Die vier gefüllten Gefäße sollen rechts im Regal stehen, die leeren links im Regal.
Jedoch dürft ihr dazu nicht mehr als zwei Gefäße anfassen.

Wer weiß wo?

Ein junges Paar fährt am Samstagmorgen von seinem Haus aus mit dem Auto in die Berge. Mal geht es etwas langsamer, dann wieder flotter voran. Ab und zu halten sie an, um etwas aus ihrem Picknickkorb zu essen und um die schöne Aussicht zu genießen. Am späteren Nachmittag erreichen sie das Berghotel, in dem sie übernachten.

Am nächsten Morgen treten sie ihre Rückfahrt an. Sie nehmen genau die gleiche Strecke wie bei der Hintour. Auch dabei haben sie nicht immer die gleiche Geschwindigkeit und machen einige Pausen.
Gibt es auf ihrem Weg einen Punkt, an dem das Paar an den beiden Tagen zur gleichen Zeit war?

Löwen verfolgen Touristen

In der Steppe drohen dem Touristen, der die Tiere der Steppe nicht kennt, tausend Gefahren.
Mr. Meele war nicht, wie telefonisch angekündigt, mit seinem Geländewagen am Abend angekommen. Deshalb startete am nächsten Morgen der Pilot der Station 5 mit seinem Flugzeug und flog mit einer Geschwindigkeit von 210 Meilen pro Stunde die Route ab, die Mr. Meele kommen sollte. Er war noch nicht lange geflogen, da sah er einen Mann, es war wohl der Gesuchte, und zwar ohne Auto. Dieser Mann marschierte zu Fuß in Richtung auf die Station 5 zu. Gott sei Dank! Er war gerade bei dem Pfahl, der 3 Meilen von der Station entfernt war.
Aber hinter Mr. Meele, nur 7 Meilen hinter ihm, sah der Pilot eine Herde von Löwen, die ihn verfolgte.

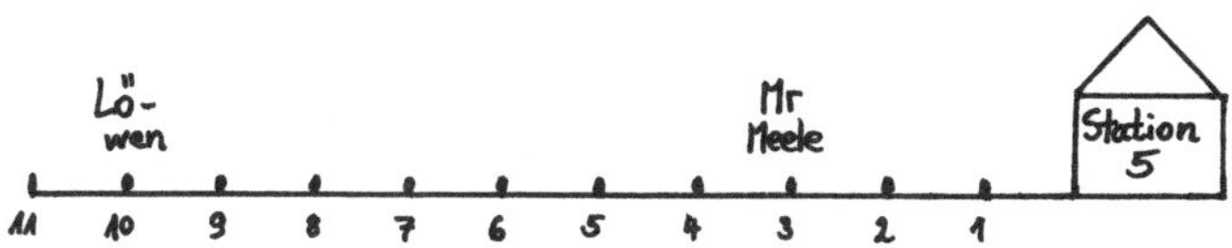

„Die Löwen sind viel schneller als dieser unsportliche und wohlbeleibte Tourist", sagte sich der Pilot und flog einmal schnurgerade auf die Löwen zu, um sie von ihrem Ziel abzulenken. Da das nicht klappte, funkte er zur Station, einen Rettungsjeep zu schicken, und flog dabei über Mr. Meele hinweg. Er sah, daß die Löwen schon auf 5 Meilen herangekommen waren. Mr. Meele war bei Meilenpfahl 2. Der Pilot riß deshalb den Steuerknüppel herum und versuchte, indem er einen Sturzflug auf die Löwen flog, diese abzuschrecken. Aber leider war auch das vergebens. Und an eine Landung war in dieser Sandwüste nicht zu denken! Was sollte er jetzt tun? Er flog weiter zwischen den Löwen und Mr. Meele hin und her. Er wollte sehen, ob der Jeep, der sicherlich mit Höchstgeschwindigkeit, also mit 30 Meilen, durch die Steppe raste, Mr. Meele retten konnte.
Und es klappte, aber wirklich fast in allerletzter Minute. Erleichtert landete der Pilot bei Station 5, genau eine halbe Stunde, nachdem er dort gestartet war.
Wie viele Meilen ist der Pilot, der immer zwischen den Löwen und Mr. Meele hin- und herflog, insgesamt geflogen?

Alle bekommen Besuch

Ihr sollt auf eurer Besuchsreise alle diese Häuser einmal von innen ansehen:

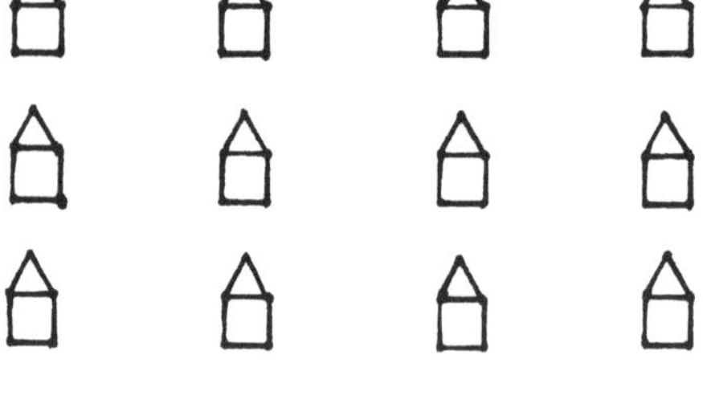

Aber ihr dürft mit eurem Auto (Stift) immer nur auf schnurgeraden Straßen (Linien) fahren.

- Es dürfen nicht mehr als fünf Straßen (Linien) sein.
- Euer Auto (Stift) darf nicht von der Straße (dem Papier) abheben.
- Ihr dürft kein Haus zweimal besuchen.

Sieger und Verlierer

In der Eisdiele war viel Betrieb. An einem Tisch saßen Schüler, und einer erzählte voller Begeisterung: „Heute beim Handballturnier hat unsere Mannschaft gegen das Bismarckgymnasium mit 28 zu 24 Toren gewonnen."
„Du Angeber", rief daraufhin ein Schüler jener Schule vom Nachbartisch, „von euch hat kein einziger Schüler und keine Schülerin auch nur ein Tor geworfen."
„Stimmt", gab der erste Schüler etwas kleinlaut zu, „aber wir haben trotzdem gewonnen."
Wie ist das möglich?

Welches Schiff ist schneller da?

Kurz nach Mitternacht fährt ein etwas älterer, kleiner Dampfer in die Mündung der Elbe hinein. Zu genau der gleichen Zeit, die Ebbe setzt gerade ein, fährt in Hamburg ein großer, moderner Luxusliner los.

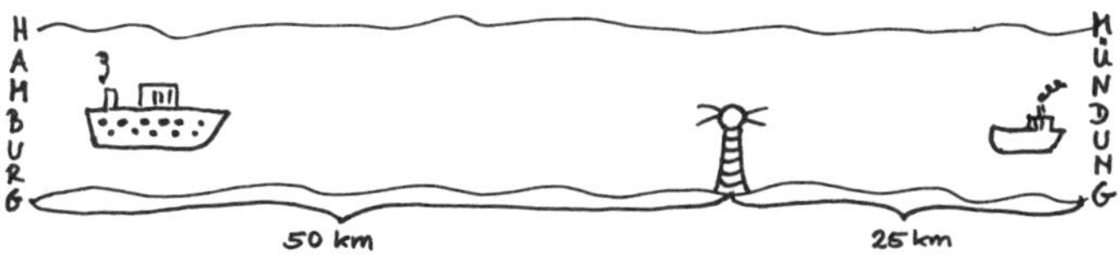

Normalerweise wird bei Schiffen die Geschwindigkeit in Knoten/h angegeben. Doch da es sich mit geraden Zahlen viel leichter rechnet, sagen wir, daß der kleine, alte Dampfer 15 km/h fährt, der moderne Luxusliner 30 km/h schnell ist.

Welches Schiff erreicht den Leuchtturm zuerst? Warum?

Wer ist dichter dran?

Um 18 Uhr fährt ein Rennradfahrer von A-Dorf nach B-Dorf und wieder zurück. Er schafft eine Durchschnittsgeschwindigkeit von 30 km/h.

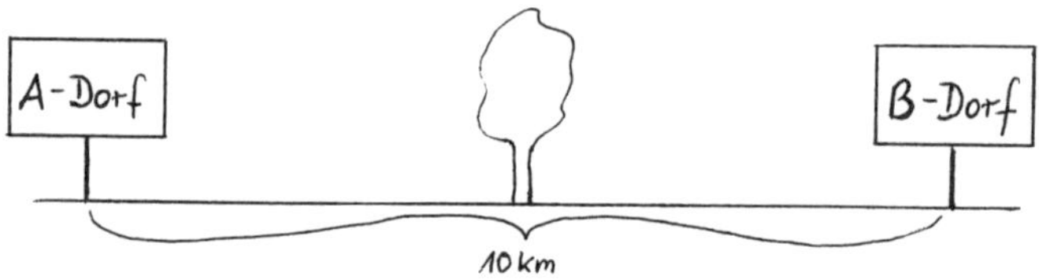

Zehn Minuten vorher startet ein Jogger von B-Dorf nach A-Dorf. Er ist nur halb so schnell wie der Rennradfahrer und kehrt bei dem Baum, der genau auf dem halben Weg zwischen diesen Dörfern steht, um und läuft nach B-Dorf zurück.

Ist der Rennradfahrer oder der Jogger näher bei jenem Baum, als sie einander treffen?

Rasende Rennradler

Zwei befreundete Herren sind begeisterte Rennradfahrer. Nach kurzer Begrüßung geht es los, zuerst eine Strecke von 20 Kilometern bergab, bei der sie ihre Tageshöchstgeschwindigkeit erreichen.

Dann fahren sie eine Strecke, die für Rennradfahrer besonders gut geeignet ist und die sie deshalb bevorzugen, weil es eine Rundstrecke ist, also zum Startpunkt zurückführt. Dort überholen sie einige andere Radler, die sich beweisen wollen, wie sportlich sie sind.
Bei dem 20 Kilometer langen Rückweg von jener Rundstrekke zu ihrem Wohnort haben sie sehr starken Gegenwind und müssen eine Steigung von 18 Grad überwinden. Trotzdem fahren sie durchschnittlich 38 km/h.

Bei ihren sportlichen Leistungen übertreiben die beiden Herren oft ein bißchen. Aber sie fahren jene Strecke tatsächlich mit 38 km/h. Wie ist das möglich?

Intelligenztest für Superkluge

1) In Italien ist folgendes passiert: Ein Bademeister, der offensichtlich nicht richtig schwimmen konnte, ertrank, als er ein Kind retten wollte. Auch das Kind ertrank. Muß er mit einer harten oder milden Strafe rechnen?

2) Der Fußballtrainer sagt vor dem Endspiel, daß er jedem, der aus seiner Mannschaft ein Tor schießt, pro Tor fünf Mark gibt. Toni schießt daraufhin zwei Eigentore. Stehen ihm zehn Mark zu?

3) Was war am 31.12.1974 in Hamburg-Harburg?

4) Ein D-Zug mit E-Lok fährt bei Nordwind nach Süden, und zwar rückwärts. Wohin weht der Rauch aus dem Schornstein?

5) Wievielmal kann man 10 durch 3 teilen?

6) Ihr müßt euch die Zahlen gut merken: Ein Schüler fragt seine acht Freunde, wieviel Taschengeld sie zur Klassenfahrt mitbekommen haben. Zwei haben 8 Euro, zwei haben 10 Euro, zwei haben 12 Euro, zwei haben 14 Euro mitbekommen. Wie viele haben 10 Euro dabei?

7) Darf eine Chinesin sich mit dem Bruder ihres Witwers verloben?

8) Stell dir vor, dein Vater ist ein ganz toller Fußballer. Er spielte zunächst in München, dann vier Jahre im HSV in der Bundesligamannschaft, dann drei Jahre in Turin – dort verdiente er mehr. Wie alt ist dieser Fußballspieler?

9) Im Keller der Schule liegen drei alte Lesebücher nebeneinander. Ein Bücherwurm beginnt, sie zu durchnagen. Um einen Buchdeckel durchzufressen, braucht er zwei Tage. Durch alle Seiten eines Lesebuches frißt er sich in vier Tagen. – Wie lange braucht er, um sich von der ersten Seite des ersten Lesebuches bis zur letzten Seite des dritten Lesebuches durchzunagen?

10) Du bekommst zum Geburtstag ein ganz tolles neues Rennrad; ein Modell, das sehr selten gekauft wird. Aber leider hat es die falsche Farbe, und außerdem fehlt die Kette. Dein Vater guckt in seinen Unterlagen nach: Er hatte die Farbe richtig bestellt, die Fabrik muß also dem Fahrradhändler bei euch eines mit der falschen Farbe geliefert haben.
Kannst du jetzt damit zu diesem Fahrradhändler fahren und verlangen, daß er es zurücknimmt und umtauscht (richtige Farbe), oder kann dein Vater nur verlangen, daß er es euch etwas billiger verkauft?

11) Ist bei den Olympischen Spielen immer der Schnellste, Beste usw. der Sieger?

12) Im Klassenzimmer fliegen 20 Fliegen und stören den

Unterricht. Sie sollen deshalb gefangen werden. Bert erschlägt zwei mit seinem Matheheft, auch Arne erwischt zwei und wirft sie auch in den Papierkorb, Martin erlegt eine und Christian sogar drei. Wie viele Fliegen sind da noch?

13) Du hast eine gefüllte Streichholzschachtel und kommst in einen leeren Raum, in dem du nichts als eine Petroleumlampe, einen Ölofen und einen Kamin vorfindest. Was zündest du zuerst an?

14) Eine Mutter hat fünf verheiratete Töchter, von denen jede zwei ebenfalls verheiratete Brüder hat. Wie viele Kinder mußte sie großziehen?

15) Teile 100 durch ½ und zähle 50 hinzu. Ergebnis?

16) Einige Monate haben 30 Tage, andere haben 31 Tage. Wie viele Monate haben 28 Tage?

17) Berlin schreibt man am Anfang mit „B" und hinten mit „h". Stimmt das?

18) Wie oft kann man 1 von 10 abziehen?

Rätselhafte Logik

Gleicher Name – aber wieso?

Eine Frau heiratet und nimmt den Namen ihres Mannes an und bekommt mit ihm zusammen ein Kind. Als diese Ehe nach einigen Jahren geschieden wird, nimmt die Mutter wieder ihren Mädchennamen an, das Kind jedoch behält seinen Namen, den seines Vaters.
Etliche Jahre später heiratet die Frau abermals. Obwohl sie auch diesmal den Namen ihres Mannes annimmt, haben die Mutter und ihr Kind den gleichen Namen.
Wie ist das möglich?

Die *eine* Erklärung zu finden, ist nicht allzu schwer. Entscheidend ist jedoch, daß ihr noch eine weitere Möglichkeit aufspürt.

Wer ist am schnellsten?

Die Aufgaben in diesem Buch haben vier Personen geprüft, auch ob die Lösungen stimmen. Dabei ist mir aufgefallen:

- Dieter ist nicht so schnell wie Berta.
- Achim ist schneller als Corinna,
- diese jedoch langsamer als Berta,
- aber schneller als Dieter.
- Achim ist nicht so fix wie Berta.

Könnt ihr die Namen in die folgende Tabelle eintragen?

1)	Am schnellsten ist . . . .
2)	Am zweitschnellsten ist . . . .
3)	Dann folgt . . . .
4)	Am langsamsten ist . . . .

Die plötzliche Blitzidee

In die Grundschule kommt ein sehr netter Polizist. Er sagt, daß die Kinder ganz tolle Preise – Fahrräder und Geld – gewinnen können, wenn sie am Verkehrserziehungs-Wettbewerb teilnehmen. Das wollen alle.
Bei den Aufgaben des Wettbewerbs, die der Polizist austeilt, kann eine Antwort, können aber auch mehrere Antworten richtig sein. Die entsprechenden Kästchen müssen dann angekreuzt werden; zum Beispiel:

„Dein neues Fahrrad muß verkehrssicher sein. Welche Ausrüstungsgegenstände sind deshalb vorgeschrieben? Kreuze sie an:

a) eine helltönende Glocke	❍
b) ein nach vorn wirkender Scheinwerfer	❍
c) ein roter Rückstrahler	❍
d) ein Gepäckträger	❍
e) gelbe Tretstrahler	❍
f) Hupe	❍
g) Speichenreflektoren	❍

Während die Kinder bald fleißig anfangen zu lesen und anzukreuzen, erzählt der Polizist, daß es für jedes richtige Kreuzchen einen Punkt gibt. Da die Kinder der Grundschule

noch nicht alles wissen können, wolle er darüber hinwegsehen, wenn sie falsche Kästchen ankreuzen.
Zwei Minuten später gibt Inga ihren Zettel ab. Sie ist fertig. Alle sind sehr überrascht und erstaunt. Wie kann das sein? Man hatte doch gerade erst angefangen! Und die Überraschung wird noch größer, als die Kinder später erfahren, daß Inga als einzige in der Klasse die höchste Punktzahl erreicht hat.
Wie ist das möglich? Welchen Einfall hatte sie?

Ein Trick macht's möglich

Der Manager eines großen internationalen Konzerns, der gerne neue Regierungsaufträge übernehmen möchte, beschließt, den politischen Parteien mal wieder beachtliche Spenden zukommen zu lassen. Die nächste Wahl steht vor der Tür. Daher entscheidet er sich, alle vier großen Parteien zu bedenken, freilich mit Beträgen in sehr unterschiedlicher Höhe.
Er nimmt diverse große Banknoten und Schecks und füllt damit vier große Briefumschläge. Seine Sekretärin denkt zuerst:

- Der rote Briefumschlag ist bestimmt für die SPD.
- Der schwarze Briefumschlag ist bestimmt für die CDU,
- der grüne für die Partei der Grünen und
- der blaue für die F.D.P.

Doch er mißtraut ihr und schickt sie unter einem Vorwand kurz hinaus. Als sie wieder hereinkommt, hat er alle Briefumschläge schon zugeklebt. Sie sind alle gleich dick. Aber in welchem sind die großen Geldscheine, in welchem die kleineren Beträge? Und welche Partei bekommt wieviel?
Als der Manager zu einer Besprechung fort ist, öffnet sie den

Panzerschrank und über dem Wasserdampf der Kaffeemaschine die Briefumschläge. Jetzt weiß sie, wieviel in jedem Umschlag ist.
Aber erst am übernächsten Tag kommt sie weiter. Sie findet in seinem Papierkorb einen zerknüllten Zettel , auf dem steht – vermutlich als Erinnerung für den Chef – :

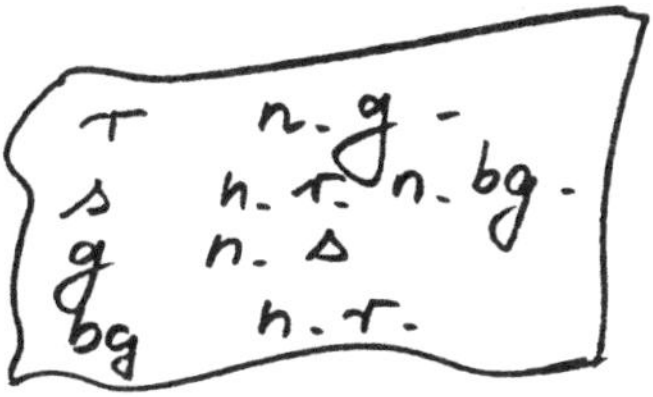

Daraus schließt sie:
Rot = SPD: sie hat nicht den grünen Umschlag;
Schwarz = CDU: hat nicht den roten, nicht den blau-gelben,
die Grünen haben nicht den schwarzen Umschlag, und die F.D.P. hat nicht den roten.
Sie geht davon aus, daß keine Partei den Umschlag ihrer Farbe bekommt. Sie nimmt einen Zettel, und nach einigen Minuten weiß sie, wieviel jede Partei bekam.
Aber wir wollen nur wissen: Für welche Partei ist welcher Umschlag gedacht?

Sport und Hobby

Britta, Anna und Conny sind gute Freundinnen. Alle drei sind sportlich aktiv: Eine von ihnen spielt
- Tischtennis, eine andere
- Handball, und die dritte
- liebt das Schwimmen.

Jede von den dreien hat noch ein zweites Hobby:
- Filme ansehen
- Computerspiele
- Hunde

Diese drei Freundinnen verstehen sich gut und unterneh-

men manches gemeinsam, aber nicht zwei von ihnen haben das gleiche Hobby.
a) Britta schwimmt nicht.
b) Anna spielt kein Tischtennis.
c) Die Schwimmerin liebt Computerspiele.
d) Die Tischtennisspielerin sieht Filme nicht so gerne.
e) Britta mag keine Hunde.

Welche Sportart treibt Conny?
Welches Hobby hat sie?

Entführung! – Ganz klar!

Eine schwerreiche Frau will in einem ganz vornehmen Geschäft in New York einen teuren Mantel kaufen. Es muß die neueste Mode sein.
Nach langem Suchen hat sie endlich etwas gefunden, das ihr gefällt. Sie will den Mantel nicht nur bei Lampenlicht, sondern auch bei Tageslicht sehen und geht mit der Verkäuferin deshalb an ein Fenster – sie sind im 8. Stock. Vom Fenster aus sieht sie auf dem gegenüberliegenden Bürgersteig ein neunjähriges Mädchen mit einem Dackel.
Plötzlich hält direkt bei dem Mädchen ein Auto: Eine Frau und ein Mann – er hat den Hut ins Gesicht gezogen – steigen aus und sprechen mit dem Mädchen. Nach kurzer Zeit fassen sie das Mädchen an und bringen es ins Auto. Dieses fährt sofort mit rasantem Tempo davon.

Die Frau weiß sofort, daß das Mädchen entführt worden ist. Kein Zweifel: Es war eine Entführung.

Wieso ist sich die Frau dessen so ganz sicher?

Die Freundin von Markus heißt ...

Meike, Katja, Verena und Katrin sind miteinander befreundet. Und jedes dieser Mädchen hat einen Freund: Das sind Karsten, Markus, Thorsten und Sven. Welches Mädchen gehört nun zu Markus?
Nur soviel sei verraten: Eines Tages waren vier von ihnen im Kino; Karstens Freundin und Katjas Freund, aber auch Meikes Freund und Verena. Keines der Mädchen war mit seinem Freund im Kino, und Markus hatte auch leider keine Zeit gehabt.

Wie heißt die Freundin von Markus?

Logelei um Herrn May

Bei Familie May soll ein runder Geburtstag groß gefeiert werden. Viele Verwandte und Freunde werden auf jeden Fall zu dem Empfang hingehen; aber keineswegs alle eingeladenen Nachbarn, denn einige mögen einander nicht:

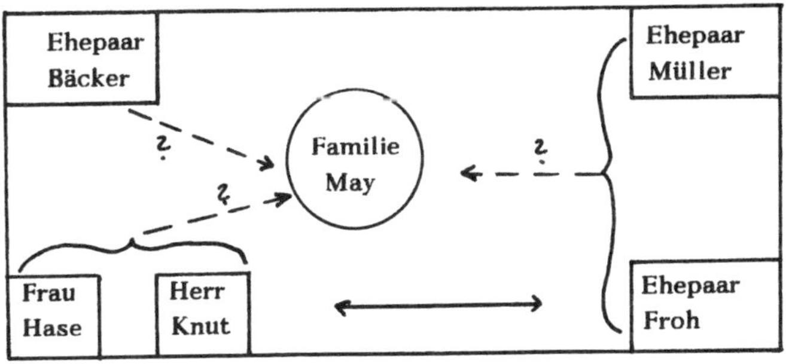

- Entweder geht das Ehepaar Froh dorthin oder Herr Knut: Die gehen einander aus dem Wege.

- Wenn das Ehepaar Müller kommt, dann auch das Ehepaar Froh, denn die unternehmen vieles gemeinsam.
- Mindestens einer der beiden folgenden Nachbarn wird erscheinen: Frau Hase oder das Ehepaar Bäcker, denn sie sind sehr neugierig.
- Falls das Ehepaar Bäcker dorthin geht, dann kommen auch das Ehepaar Müller und Frau Hase.
- Entweder erscheint Herr Knut zusammen mit Frau Hase – oder alle beide nicht.

Nach einigem Überlegen – es dauerte etwas – konnte Frau May ihrem Mann erklären, wer von den Nachbarn kommen wird.
Könnt ihr es auch?

Welche Feier bei Frau Meyer?

Einige Leute möchten nicht gerne älter werden. Eine etwas ältere Dame, Frau von Meyer, entschloß sich, als sie 30 Jahre alt wurde, nicht mehr jeden Geburtstag zu feiern.

❷ Sie feierte im nächsten Jahrzehnt ihres Lebens nur noch jedes *zweite* Jahr.
❸ Im anschließenden Jahrzehnt feierte sie nur noch alle *drei* Jahre.
❹ Von ihrem 50. Lebensjahr an feierte sie nur noch alle *vier* Jahre.

Ihr alle seid zu ihrem Geburtstag in diesem Lebensabschnitt eingeladen und rätselt:

Wie alt ist sie nun wirklich?
Welchen Geburtstag feiert sie?

Für scharfe Denker

Den Schummler ausgetrickst

Die Chemiekonzerne am Rhein haben herausbekommen, daß ein Schiff der Greenpeace-Organisation den Rhein heraufkommt, um diesen auf Umweltschäden zu untersuchen. Die beiden Vertreter von zwei großen Chemiewerken sitzen in einem fast leeren Café und besprechen, wie sie ihre Werke vor ärgerlichen Angriffen in der Presse und vor Sanktionen des Umweltamtes bewahren können.
Sie sind sich darin einig, daß zur Zeit nur ein einziges der beiden Werke seine Säurereste in den Rhein fließen lassen kann. Das andere Werk muß seine Säurereste in ein Tankschiff pumpen und entsorgen lassen.
Aber welches der beiden Werke, die in Konkurrenz zueinander stehen, soll die damit verbundenen Kosten tragen?
Die beiden Männer wollen schließlich knobeln. Sie wollen zwei gleiche Zettel beschreiben, zusammenrollen, und jeder muß sich nach dem Zettel richten, den er zieht.

Darf in den Rhein pumpen.	Darf *nicht* in den Rhein pumpen.

Während der eine die beiden Zettel schreibt, geht der andere zur Toilette. Als er zurückkommt, sieht er durch die Blumen hindurch, daß der andere doch tatsächlich *zwei* Zettel mit „Darf nicht in den Rhein pumpen" geschrieben hat.

Zunächst will er protestieren, doch dann hat er die Idee:

„Laß ihn doch! Umso besser! Dann gewinn' ich auf jeden Fall!"
Aber wie?

Vaters Alter ist gefragt

Ein Vater hat Geburtstag: Er wird fünfmal so alt wie seine Tochter und siebenmal so alt wie sein Sohn.
Wie alt ist der Vater, und wie alt sind seine Kinder?

Bierdeckel-Pyramiden-Bau

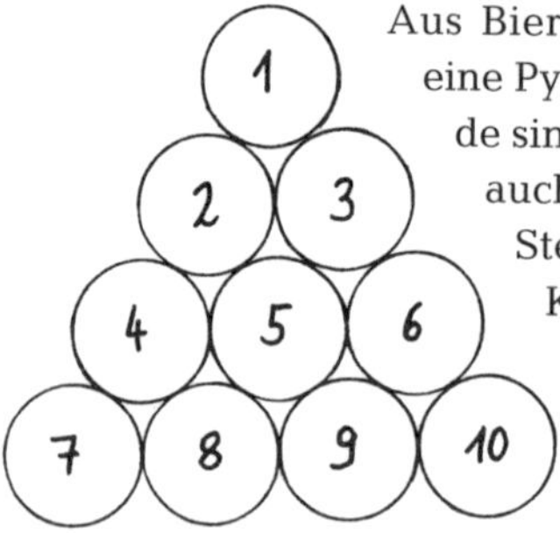

Aus Bierdeckeln (Münzen) bauen wir eine Pyramide. Die Seiten der Pyramide sind alle gleich lang und sollen es auch wieder werden.
Stellt jetzt die Pyramide auf den Kopf, so daß die Spitze unten ist. Wie viele Bierdeckel bewegt ihr dazu?
Versucht es in Gedanken! Es ist nicht schwer. Sieger wird, wer am wenigsten zu verändern braucht.

Verteilen der Beute

Drei Einbrecher haben das Lager einer Computerfiliale ausgeraubt. 24 Computer haben sie mitgenommen. In ihrem Versteck untersuchen sie diese und stellen fest:

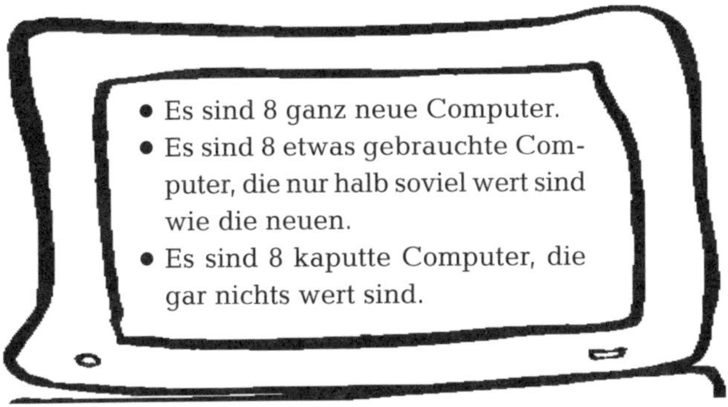

Die drei Einbrecher haben beschlossen, daß jeder von ihnen Computer im gleichen *Wert* bekommen soll, aber jeder auch die gleiche *Anzahl* von Computern.
Wer findet zuerst eine Lösung? Wer es probiert, merkt bald: Es ist gar nicht so schwer!

Alle Kabel sind anders

Eure Eltern haben im Ausland ein etwas älteres Ferienhaus gekauft. Dort wollen sie eine Deckenlampe anschließen, die ihr aus Deutschland mitgebracht habt. Das Stromkabel dort an der Decke hat drei Adern (das sind die dünnen Leitungen im Stromkabel). Auch das Kabel eurer Lampe hat drei Adern. Aber jede dieser sechs Adern hat eine andere Farbe.

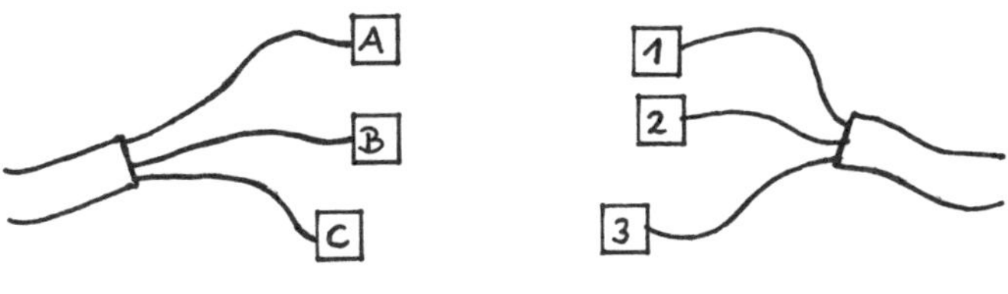

Trotzdem wollen sie die Lampe anschließen. Sie denken: „Ich muß wohl alles durchprobieren. Wenn ich was falsch mache, springt die Sicherung raus."
Wenn man sehr großes Glück hat, klappt es beim ersten Versuch. Wenn man aber ganz großes Pech hat – wie oft müßte man es dann versuchen? (Deine Eltern haben nichts als einen Schraubenzieher dabei.)

Nehmt dies ausschließlich als Denksport-Training. Laßt in der Praxis die Finger von solchen Versuchen!

Wie jung ist sie?

Eine Frau hat Geburtstag. Aber welcher Geburtstag ist es?

TIP *Da ich sagte, sie sei eine „Frau", weiß man, daß es eine zweistellige Zahl ist. Ich verrate zudem noch, daß die zweite Ziffer um zwei größer ist als die erste Ziffer. Das hat diese Frau schon einmal erlebt: als sie noch ein ganz junges Mädchen war.*

Nun erlebt sie es zum dritten Mal. Wie alt ist sie?

Hund, Katze, Maus

Du bekommst 100,– Euro und sollst dafür genau 100 kleine Stofftiere kaufen.

Ein Hund kostet	15,—	Euro.
Eine Katze kostet	1,—	Euro.
Eine Maus kostet	0,25	Euro.

Du mußt mindestens ein Tier von jeder dieser Tierarten kaufen. Wie viele Hunde, Katzen und Mäuse kaufst du?

Das Gleichgewicht

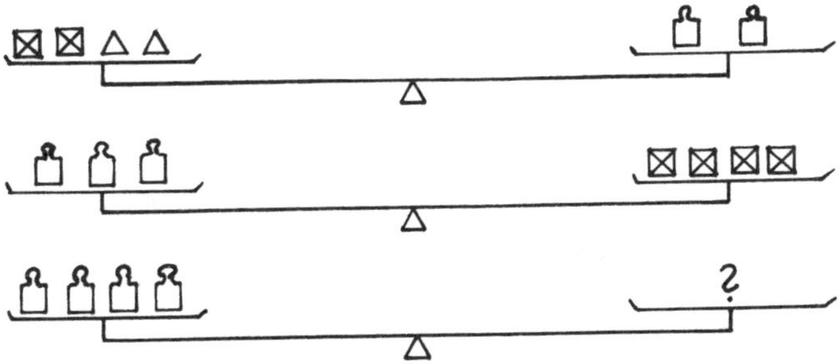

Die oberste und die mittlere Waage stehen waagerecht, befinden sich also im Gleichgewicht.
Welche Gewichte müßtet ihr auf die rechte Waagschale der untersten Waage legen, damit auch sie sich im Gleichgewicht befindet?

Die erste Lösung ist recht leicht zu finden. Aber vielleicht schafft ihr es, noch eine weitere zu finden.

Aller Anfang ist schwer

Der Chef der Filmgesellschaft hatte Siegrid, der Drehbuchautorin, gesagt, daß er sehr gerne folgenden Film drehen und ganz groß herausbringen würde: einen Film über eine ehrgeizige Frau, die – getrieben von ihrer Geldgier – auch über Leichen geht. Siegrid nahm den Vorschlag auf und erklärte sich bereit, ihm nach 10 Tagen ihren Entwurf von 30 Seiten für diesen Film zu schicken.
Die ersten drei Tage schrieb Siegrid nicht ein einziges Wort, weil sie sich nicht entscheiden konnte, welche Personen sie noch dazu erfinden sollte, damit es ein interessanter Film wird. Am 4. Tag schrieb sie endlich die erste viertel Seite. Der Anfang war geschafft! An den folgenden Tagen schrieb

sie immer doppelt soviel wie am Tag zuvor. Und so kam der Entwurf noch rechtzeitig zur Post.

Frage: Am wievielten Tag konnte sie die 10. Seite durch den Drucker ihres Computers schicken und damit das erste Drittel dieses Drehbuchentwurfs fertigstellen?

Wie lange hält das Geld?

Ein junger Mann hat das große Los gezogen und im Lotto 1 Million gewonnen. Er weiß das Leben voll zu genießen. Dafür braucht er monatlich 10 000 Euro. Zu Beginn des 3. Monats kauft er sich ein neues Auto (50 000 Euro). Fortan „gönnt" er sich alle zwei Monate einen größeren Gegenstand bzw. etwas Besonderes im Werte von 50 000 Euro.

Wie lange kann er so ein Leben führen? Nach wie vielen Monaten wird er den „guten" Freunden und Verwandten sagen, daß bei ihm tatsächlich nichts mehr zu „leihen" ist?

Nichts für trübe Tassen

Hier seht ihr viele kleine Kästchen, in denen entweder Dreiecke oder Vierecke sind. Ihr sollt alle diese Kästchen besuchen, dürft dabei aber
a) nicht rückwärts gehen und
b) euren Weg nicht kreuzen.

TIP *Am besten, ihr versucht es mit Bleistift, dann könnt ihr radieren.*

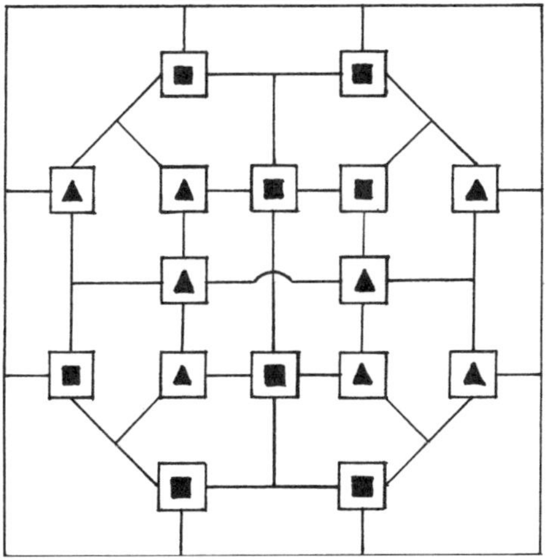

Und nun noch eine dritte Forderung, die diese Aufgabe für die echten Tüftler erst richtig reizvoll macht:
c) Ihr dürft nicht mehr als zwei Felder mit gleichen Zeichen nacheinander besuchen.
Eine Erleichterung:
Genau in der Mitte der Zeichnung soll eine Brücke sein.
Wer findet zuerst eine richtige Lösung?

Immer mehr Meerschweine

Meerschweinchen vermehren sich sehr schnell, weil sie schon in frühem Alter viele Junge bekommen. Bei der folgenden Aufgabe geht es jedoch nicht um Meerschweinchen, sondern wir erfinden, weil wir mit glatten Zahlen leichter rechnen können, Tiere, die wir Fantasy-Tiere nennen wollen. Wenn diese Tiere Junge bekommen, ist davon die Hälfte weiblich, die andere Hälfte männlich.
Ein Mann kauft sich am 1. Juni 10 junge Fantasy-Tiere. Die-

se Tiere sind genau einen Monat alt und somit gerade geschlechtsreif. Es dauert nun einen Monat, bis sie Junge bekommen – es sind jeweils 10 an der Zahl. Damit die Aufgabe anspruchsvoller wird, sagen wir, daß die Muttertiere den ganzen Monat lang, in dem sie ihre Jungen säugen, nicht trächtig (schwanger) werden können.

Im wievielten Monat haben sich diese Tiere zur stattlichen Anzahl von 360 Exemplaren vermehrt?

Den Kuchen teilen

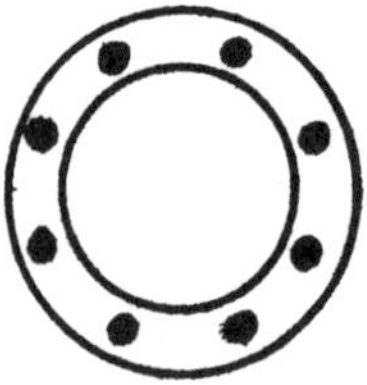

Das Bild zeigt einen flachen Kuchen: einen leckeren Kuchenring, der innen leer ist. Er hat acht große Kleckse aus köstlicher Konfitüre.
Dieser Ring soll mit einem Messer in acht Teile geschnitten werden, die etwa gleich groß sind.
Auf jedem Stück soll ein ganzer Konfitüreklecks sein. Dazu darf aber nur *dreimal* das Messer angesetzt werden: Es soll also mit drei Schnitten geschafft werden. Aber wie?

TIP *Versucht es an einer eigenen Zeichnung.*

Trickreiche Spionageabwehr

Der Chef eines riesigen Industriekonzerns hat bereits seit mehreren Jahren beträchtliche Beiträge in die Kasse der großen Partei XYZ gezahlt, als Spende natürlich. Aber auch unter der Bedingung, daß diese Partei dem Konzern auch fortan keine weiteren Auflagen zur Reinhaltung von Luft und Wasser macht.

Seit einigen Tagen wird von der anderen großen Partei, der UVW-Partei, immer wieder folgende Behauptung aufgestellt: daß die XYZ-Partei eine fortschreitende Gefährdung und Bedrohung unserer Umwelt hinnehme, um nicht auf die Spenden eines Konzerns verzichten zu müssen.
Der Chef ist sich ziemlich sicher, daß seine Sekretärin diese Information an die UVW-Partei weitergegeben hat. Zunächst will er sie entlassen, doch dann muß er einsehen, daß dann alle seine Machenschaften in der Öffentlichkeit aufgedeckt würden und eine große Parteispendenaffäre entstehen würde. Trotzdem findet er nach langem Überlegen einen Ausweg: Sie tippt weiterhin seine geheimen Briefe, aber weiß fortan nicht mehr, ob er seine früheren Machenschaften fortsetzt oder künftig aus Angst vor der Öffentlichkeit darauf verzichtet, durch sein Geld Einfluß auf die Politik zu nehmen.

Brücken mit Tücken

Über welche Brücke kann das Fahrzeug mit dem größten Gewicht fahren?

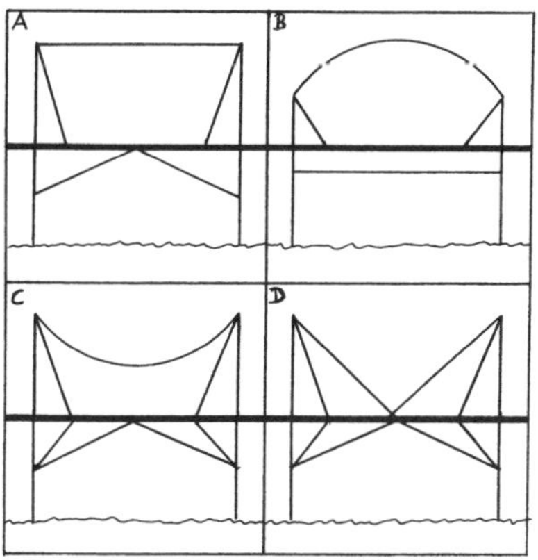

Cowboys und Pferde

Abends sitzen die Cowboys ab, lassen die Pferde weiden, braten sich ein Steak und trinken etwas. Doch wieviel Cowboys und wieviel Pferde kommen da zusammen? Die Würfel verraten es euch:

Hier sind es 4 Cowboys und 4 Pferde.

Jetzt: 6 Cowboys und 6 Pferde.

Hat man zufällig keine Würfel, kann man die Würfelaugen wie hier auch aufmalen.
Schwieriger wird es, wenn man immer dann, wenn die 2 auftaucht, sagt: „Dort gibt es außerdem 2 Bäume."

TIP *Ich mache keine Aussage über den einen Würfel und dann über den/die anderen, sondern für alle Würfel insgesamt.*

Variante: Cowboytest für Fortgeschrittene:
Es zählen nicht die Zahlen oben auf dem Würfel, sondern die auf der gegenüberliegenden (d.h. der nicht sichtbaren) Seite.

Falsche Flächen finden

Stellt euch vor, ihr sollt dieses Schnittmuster ausschneiden und zu einem Körper zusammenkleben. Welche Klebeflächen sind unnötig, und welche Fläche ist falsch?

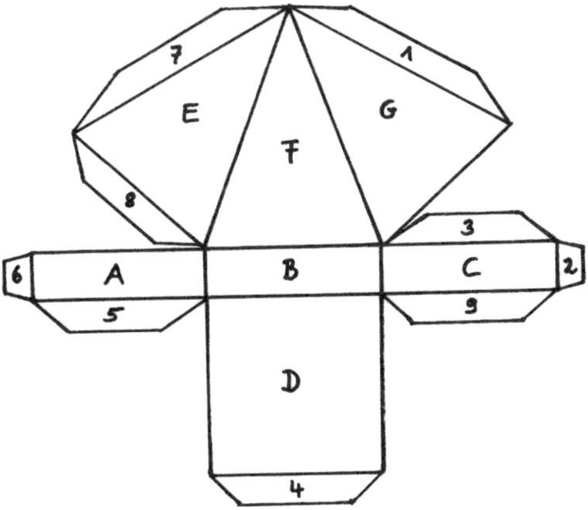

Das Goldstück auf der Schaufel

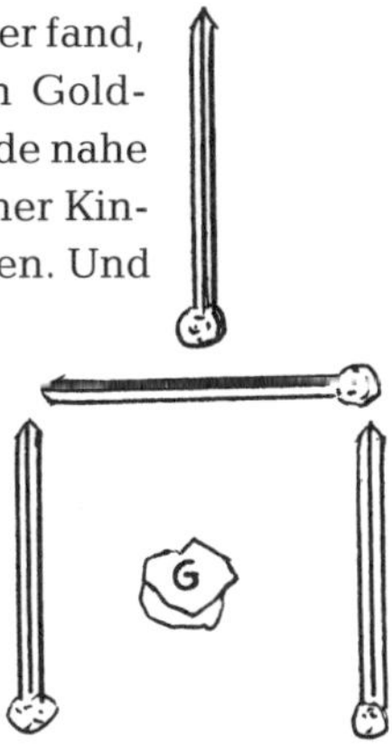

Ein alter Goldschürfer hat alles Gold, das er fand, in Whisky umgesetzt. Nur den größten Goldklumpen hat er behalten. Er fühlt sein Ende nahe und will diesen Goldklumpen einem seiner Kinder, die um ihn versammelt sind, schenken. Und zwar dem Kind, das sich als das pfiffigste erweist.
Der Goldschürfer legt 4 Streichhölzer auf den Tisch: Es darf die Lage von nur 2 Streichhölzern verändert werden. Und zwar so, daß wieder eine Schaufel entsteht, der Goldklumpen jedoch neben der Schaufel liegt.

Wer die Lösung herausfindet, darf den Goldklumpen behalten!

Den Piranhas entkommen

Brasilien wird seit Tagen von schweren Unwettern heimgesucht. Die anhaltenden Regenfälle führen dazu, daß die Fluten des Amazonas immer weiter über die Ufer hinausgehen. Die Fluten bedrohen die Familie des armen Pedro. Zur Rettung hat er nur den Holzgiebel eines Hauses sowie neun leere Tonnen. Es sind aber unterschiedlich große Tonnen: Die kleinste kann einen Zentner tragen, die zweite Tonne trägt zwei Zentner, die dritte drei Zentner usw., die neunte trägt neun Zentner.

Damit das Floß, das er sich aus dem Holzgiebel und den Tonnen bauen will, nicht an einer Seite untergeht, damit es an allen Seiten gleich viel trägt, müssen die Tonnen richtig verteilt werden.

Aber wie? An jeder Seite des Giebels sollen Tonnen sein, die insgesamt 20 Zentner tragen. Am besten, ihr macht neun kleine Zettelchen, schreibt auf jeden eine Ziffer der Zahlen 1 bis 9 und probiert es durch Verschieben.

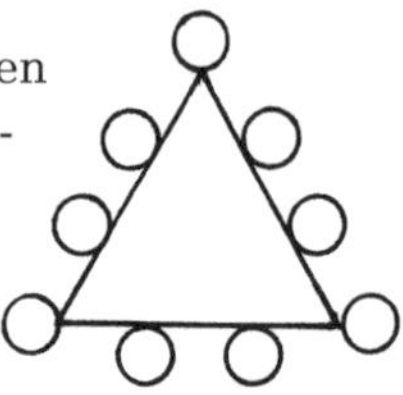

TIP *Nach einiger Zeit kann man eine Hilfe geben: Die Zahlen an den Ecken dürfen weder die kleinsten noch die größten sein.*

Variante: Haben die Spieler sehr kluge Köpfchen und etwas mehr Geduld, dann kann man sie unter den vielen möglichen Lösungen diejenige suchen lassen, bei denen jeweils die drei Tonnen an den Ecken annähernd die gleiche Tragkraft haben.

Der Trick fürs Tor

„Bitte, bitte, Papi, bau uns ein Tor!" Immer wieder hört der Vater diesen sehnlichen Wunsch seiner Söhne. „Auf dem leeren Feld können wir so schön Fußball spielen. Mit 'nem Tor ist das noch viel schöner. Aber bitte eins, das wir abends mit nach Hause bringen können, damit uns das keiner kaputtmacht."
Der Vater erklärt sich schließlich dazu bereit: „Ist gut. Ich geb' euch dafür diese Gardinenstange (5 m lang) und diese beiden Bretter (je 2 m lang). Aber mehr kriegt ihr nicht." Da er von Beruf Tischler ist und das nötige Handwerkszeug hat, fügt er hinzu: „Ich bau euch das – aber ihr müßt mir sagen, wie ihr es haben wollt."
Die Kinder erklären ihm, daß das Tor über 4 m breit und höher als 1,5 m sein soll.

Aber wie er das nur mit diesem Material machen soll, das wissen sie nicht. Da verrät der Vater ihnen seine Lösung. Vielleicht findet ihr auch eine, wenn ihr euch etwas Zeit nehmt.

Ganz harte Nüsse

Anruf im Auto

Herr H. fährt mit seinem Dienstwagen von A-Stadt nach B-Stadt, die 200 Kilometer voneinander entfernt liegen. Er fährt mit 100 km pro Stunde.

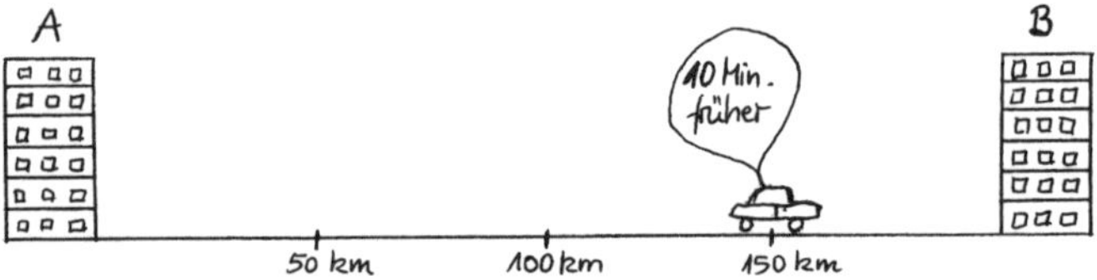

Als er 90 Minuten gefahren ist, erhält er über sein Autotelefon einen Anruf, daß er nach Möglichkeit bereits 10 Minuten früher am Ziel sein sollte. Wie schnell müßte Herr H. jetzt fahren, wenn er das schaffen wollte?

Exakt sieben Minuten

Der Millionär, der es sehr genau nimmt, möchte sein Frühstücksei genau sieben Minuten gekocht haben. Es ist aber nur eine Sanduhr da, die acht Minuten läuft und eine, die fünf Minuten läuft.

Wer als erster herausfindet, wie man damit die Zeit von exakt sieben Minuten feststellen kann, bekommt vom Millionär ein Frühstücksei, das aus purem Gold besteht.

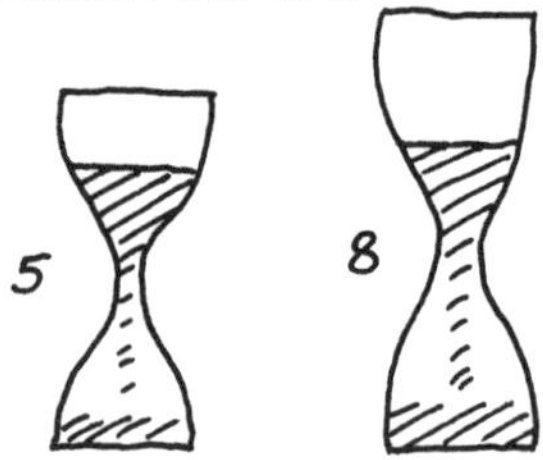

Wie viele Paare waren da?

Über die Festtage konnten sich Interessenten und Neugierige die gerade fertiggestellten Musterbauwohnungen im Neubaugebiet ansehen. Der Immobilienmakler, der diese den Besuchern vorstellte, zählte genau 200 Besucher.
Am nächsten Tag rief ihn der Chef der Wohnungsbaugesellschaft an und fragte, wie das Interesse an den Wohnungen gewesen sei.
„Es ist seltsam", antwortete der Makler, „es kamen nur Ehepaare mit einem einzigen Kind oder mit drei Kindern; aber doppelt so viele mit einem Kind wie Ehepaare mit drei Kindern. Und nur ein einziges kinderloses Ehepaar war da."
„Und wie viele Ehepaare waren das jeweils?" wollte der Chef der Wohnungsbaugesellschaft wissen.
„Einen kleinen Moment", antwortete der Makler, „das kann ich Ihnen schnell ausrechnen."

Könnt ihr es auch?

Fünf Kinder – fünf Teile

Ein Förster hatte einen quadratischen Wald gekauft und in diesem ein Haus gebaut. Als er stirbt, vererbt er das Haus – sowie das Land unter diesem – seiner Frau.
Das übrige Land sollen sich seine fünf Kinder teilen: Und zwar soll jedes Kind ein *gleich großes* Stück erhalten. Diese fünf Stücke sollen zudem alle noch die *gleiche Form* haben.
Wer findet die Lösung?

Große Frage: Welches Tempo?

Ein junger Mann ist fasziniert vom Radsport. Er fährt oft eine Strecke von 20 Kilometern.

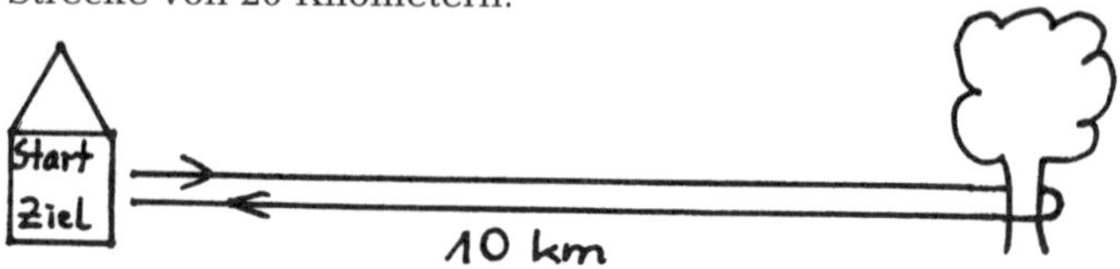

Kurz vor dem Baum, an dem er umkehrt, trifft er seinen besten Freund mit einem jungen, niedlichen Hund. Der begrüßt ihn voller Freude, und er streichelt ihn wohl eine längere Zeit.

Denn als er weiterfährt und die Wendemarke erreicht, sieht er auf seinem Tacho, daß er bislang durchschnittlich 10 km/h schnell gefahren ist.

Welche Geschwindigkeit müßte er bei der Rückfahrt haben, wenn er noch einen Schnitt von 20 km/h schaffen will?

Wie drehen sich die Räder?

Die Kreise sollen Zahnräder darstellen: Zahnräder, die ineinander greifen und einander bewegen. Zahnrad 1 ist das Antriebsrad.

In welche Richtung dreht sich das 2. Rad? In Richtung A oder B?

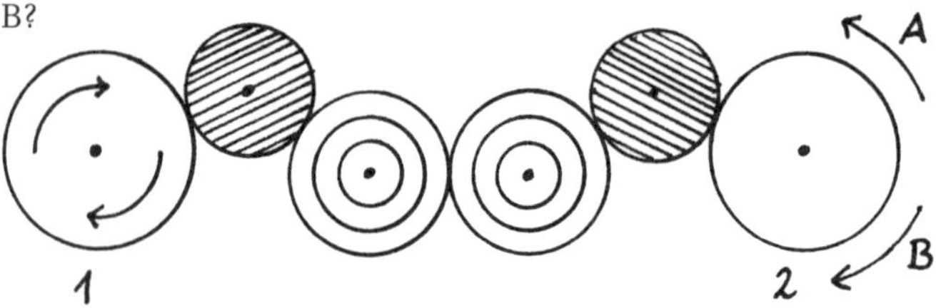

Das 2. Rad hat den gleichen Umfang wie das 1. Rad. Dreht sich das 2. Rad langsamer oder schneller oder genauso schnell wie das 1. Rad?

Stapfen durch die Steppe

Zwei Jungen, die das Abenteuer lieben, machen mit ihren Freundinnen eine Autotour durch die Steppe. Die Sonne brennt. Sie fahren durch eine total verlassene Gegend. Am späten Nachmittag scheint der Motor ihres Campingbusses kaputt zu sein. Nichts rührt sich mehr.

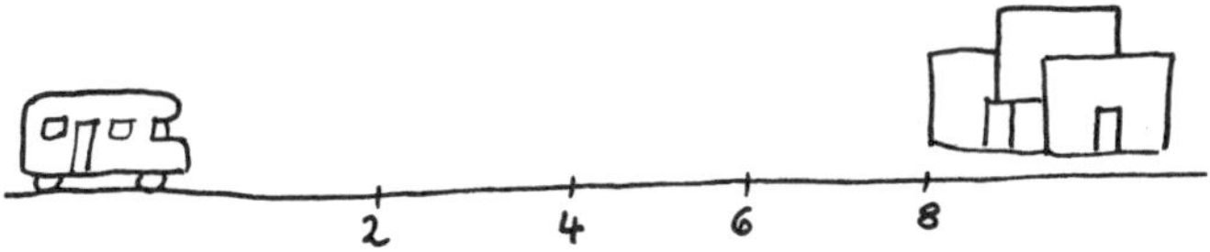

Wie erreichen sie den nächsten Ort? Dort können sie mit jeder Hilfe rechnen, mit Autos, selbst mit einem Hubschrauber. Aber bis dorthin sind es acht Tagesmärsche.
Im Auto haben sie Vorräte genug, aber bei der gewaltigen Hitze kann jeder Junge nur sechs seiner Tagesrationen an Wasser und Proviant schleppen; jedes Mädchen nur soviel, daß es für vier Tage reicht.
„Keine Chance!" sagen viele. Die vier Abenteurer haben es jedoch geschafft. Aber wie?

Schlauer als der Bauer

Ein Bauer fährt mit einer ganzen Wagenladung von Eiern auf den Viehmarkt, um seine Eier gegen Ziegen und Gänse einzutauschen. Er weiß folgendes:

- Für 90 Eier kann man eine Ziege und eine Gans eintauschen.
- Zwei Ziegen sind soviel wert wie drei Gänse.

Der Bauer tauscht und tauscht, bis er nur noch ca. drei Dutzend Eier auf seinem Wagen hat, und fährt dann mit diesem Rest sowie mit drei Ziegen und fünf Gänsen nach Hause.

Er hatte also zu viele Eier mitgenommen. „Naja", denkt er, „das Rechnen war noch nie meine Stärke."

Wie viele Eier hätte er nur mitnehmen müssen, als er zum Viehmarkt losfuhr?

Cleverer Kandidat

Für eine bekannte Fernsehsendung sollte einmal folgende Aufgabe entscheiden, wer von den Kandidaten den höchsten Preis bekommt.
Jedem der drei Kandidaten wurde gesagt, daß es für diese Aufgabe fünf einander sehr ähnliche T-Shirts gibt. Diese unterscheiden sich allerdings etwas in ihrer Rückseite.

- Auf dem Rücken von *zwei* T-Shirts ist ein *Fuchs* zu sehen,
- auf dem Rücken der anderen *drei* T-Shirts ist *nichts* zu sehen.

Den drei Kandidaten wurden die Augen verbunden. Und dann zog die Assistentin des Showmasters jedem von ihnen eines dieser T-Shirts an.
Die Augenbinden wurden dann wieder abgenommen. Jeder Kandidat drehte sich einmal langsam herum, so daß die anderen beiden seinen Rücken sehen konnten. Welcher Kandidat wird als erster herausfinden, was für ein T-Shirt er selbst anhat? Herr Schulz, Herr Meier oder Herr Müller?
Einige Minuten vergehen, ohne daß einer was sagt. Die Spannung steigt. Der Showmaster wird unruhig. Endlich sagt der Kandidat Müller, der bei dem einen Kandidaten einen *weißen* T-Shirt-Rücken und bei dem anderen dort einen *Fuchs* gesehen hatte: „Ich weiß es!"
Wie hat er es herausbekommen?

Wer sitzt wo?

Dies ist eine faszinierende Tüftelaufgabe: Tanja hat Geburtstag und lädt einige Freundinnen und Freunde ein, insgesamt neun Personen. Mit Tanja sind es also zehn.
Zum Essen sollen alle Zehn an einem großen runden Tisch sitzen. Und zwar wollen sie in „bunter Reihe" sitzen, also zwischen zwei Jungen immer ein Mädchen.
Damit es eine echt dufte Fete wird, muß man, wenn man die Sitzordnung erstellt, auf Sympathien und Antipathien Rücksicht nehmen.
Britta möchte unbedingt Timo und Ralf neben sich haben.
Tom und Timo können sich nicht ausstehen: sie sollten möglichst weit voneinander entfernt sitzen.
Lars möchte Tanja genau gegenübersitzen. Michael möchte neben Inga sitzen, Inga wiederum möchte zu gerne Lars auf ihrer anderen Seite sitzen haben.
Nina möchte auf keinen Fall neben Timo oder neben Ralf sitzen. Beate kann Michael nicht ausstehen, darf also nicht neben ihm sitzen.
Auf Anhieb findet die Lösung keiner. Man muß schon ein wenig probieren und zeichnen. Wer wird es sein, der als erster sagt: „Ich hab's!"?

TIP *Am besten beginnt man damit, daß Lars und Tanja einander genau gegenübersitzen.*

Schnell im Auto oder Kopf?

Ein Autofahrer überlegt: „Soll ich nun durch die City fahren – oder über die Umgehungsstraße? Wo bin ich schneller?"

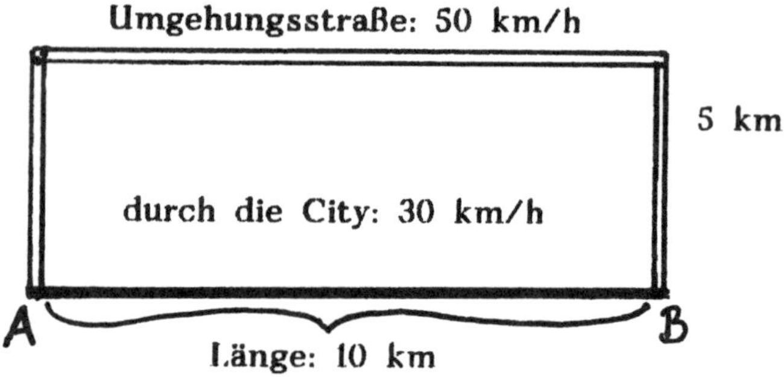

Es geht jetzt um die Strecke von A nach B: Der Weg durch die City (dicker Strich) ist kürzer, aber dort kann er im Schnitt nur 30 km/h fahren. Die Strecke der Umgehungsstraße (2 Striche) ist länger, aber da kann er 50 km/h fahren.
Wo würdet ihr normalerweise fahren? Und wenn es – wie bei dieser Aufgabe – ausschließlich um die Frage geht: Wo seid ihr schneller?

Vier fahren umsonst

Eine Gruppe von Jugendlichen machte eine längere Wanderung an der Donau. Auf dem Rückweg, als viele Beine schon etwas müde wurden, wollten die meisten die letzte Strecke mit einem Dampfer fahren. Vier Jugendliche waren jedoch dagegen.
Da entdeckte einer folgendes: Wenn die vier – ohne etwas zu zahlen – mitfahren, kann die Gruppe einen Gruppenfahrschein für 60 Euro lösen und – wegen des Mengenrabatts – billiger fahren, als wenn jeder eine Einzelkarte kauft. Dazu waren die vier gerne bereit. Sie brauchten also nichts zu bezahlen, jeder andere zahlte dafür 75 Cent mehr, als wenn diese auch bezahlt hätten.

Aus wie vielen Mitgliedern bestand die Gruppe?

Wer ist schlauer als der Trainer?

Der 1. Fußballclub „Kick-kick-Tor" macht seinem Namen schon lange keine Ehre mehr. Nun ist er sogar vom Abstieg bedroht!
Da schlägt einer der Spieler dem Trainer vor: „Du solltest die Mannschaft mal total umstellen!"
Das will der Trainer auch tun. Zunächst einmal nur auf dem Papier. Nur der Torwart soll in seinem Kasten bleiben. Warum soll ein Spieler von vorn nicht zeitweise mal nach hinten? Und einer aus der Mitte mal nach links? In der größten Not muß man einfach alles mal probieren! Der Trainer will keine der verschiedenen Möglichkeiten, seine 10 Feldspieler anders aufzustellen, auslassen.
Er macht seine Aufstellungspläne sicherheitshalber schriftlich, aber mit Namensabkürzungen, und so geht es ganz flott. Immer nach 20 Sekunden ist er mit jedem neuen Plan einer neuen Mannschaftsaufstellung fertig, d.h. er hat ihn in dieser Zeit schon wieder verworfen und versucht es mit einer neuen Aufstellung.
Nach zwei Stunden ruft seine Freundin: „Bist du jetzt endlich fertig?" – „Gleich", ist seine Antwort. Aber das hatte er schon vor etwa einer ganzen Stunde gesagt.

Jetzt meine Frage: Wie lange wird seine Freundin noch warten müssen?

Wer erhält wieviel?

Oma hat im Lotto 264 000 Euro gewonnen. Sie verschenkt die ganze Summe an ihre drei Töchter:

- Die älteste Tochter bekommt – da sie schon früher mal Geld erhalten hat – 4 Tausender weniger als die mittlere.
- Die mittlere bekommt 4 Tausender weniger als die jüngste.

Alle drei Töchter sind verheiratet und haben dabei den Namen ihres Mannes angenommen.

- Die eine Tochter hat mit ihrem Mann – nennen wir sie Familie Glücklich – durch dieses Geschenk plötzlich doppelt soviel Geld auf ihrem Konto wie vorher.
- Auch Familie Sparsam hatte gut gespart. Sie hatte ein Guthaben, das um die Hälfte größer war als das Geschenk, das sie jetzt von der Oma bekam.
- Familie Fröhlich hatte ein Viertel mehr, als sie von der Oma geschenkt bekam.

Diese drei Familien zusammen hatten – vor Omas Schenkung – Ersparnisse in Höhe von 332 000 Euro.

Aufgabe: Könnt ihr sagen, welchen Nachnamen die jüngste, die mittlere und die älteste Tochter jetzt hat?

Lösungen

Aller Anfang ist leicht

Sieger im Turnier: (S. 17)

Wir haben für jedes Spiel ein Plus bzw. Minus eingetragen:

Marc	- - - +	4. Platz
Meike	+ + +	1. Platz
Inga	- - -	5. Platz
Timo	+ + - +	2. Platz
Sascha	+ + - -	3. Platz

Pferdefutter-Knobelei: (S. 18)

a) 2 ½ Pferde fressen und 2 ½ Tagen 2 ½ Ballen Heu.
1 ausgewachsenes Pferd frisst in 2 ½ Tagen 1 Ballen Heu.
1 ausgewachsenes Pferd frisst in 5 Tagen 2 Ballen Heu.
Also frisst es in 30 Tagen 12 Ballen Heu.

b) 1 1/3 Quirle quaken in $1\,^{1}/_{3}$ Tagen $1\,^{1}/_{3}$ Pfund Quark.
4 Quirle quaken in $1\,^{1}/_{3}$ Tagen 4 Pfund Quark.
4 Quirle quaken in 4 Tagen 12 Pfund Quark.
1 Quirl quakt in 4 Tagen 3 Pfund Quark.
1 Quirl quakt in 1 Tag ¾ Pfund Quark.
1 Quirl quakt in 50 Tagen ¾ x 50 Pfund Quark
= $37\,^{1}/_{2}$ Pfund Quark

Ein Strich ändert alles: (S. 18)

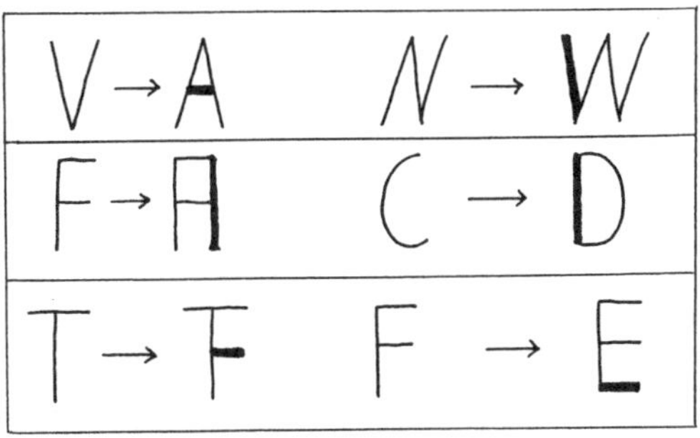

Du wirst Millionär: (S. 19)
Am 21. Tag bist du Millionär.

Alles steht Kopf: (S. 19)
Die 4 sieht aus wie ein kleines h
Die 6 sieht aus wie ein kleines g
Die 7 sieht aus wie ein großes L
Die 1 sieht aus wie ein großes I
Die 8 sieht aus wie ein großes B
Die 9 sieht aus wie ein großes G

Wann sind alle weg?: (S. 19)
Um 17.10 Uhr sind alle weg.
Geht man jedoch davon aus, daß „ganz bis zuletzt (18 Uhr) noch Neugierige kamen", dann muß man diese Zeitangabe als Lösung nehmen.

Unfall in der Geisterbahn: (S. 20)
Die Bahn startet alle 3 Minuten, sie fährt also 10mal in 30 Minuten. Der Tote wird zu *Beginn* der 12. Fahrt entdeckt, also in der 34. Minute, also um 15.34 Uhr.

Ein schlauer Bauer: (S. 20)
1) Der Bauer hat das Plakat lesen können.
2) Wer schreiben kann, der kann auch lesen.

Immer mehr Moneten: (S. 21)
Er bekommt jedes Mal die Hälfte von der Summe mehr, die er im Vorjahr bekommen hat. In diesem Jahr bekommt er 2,70 Euro.

Wie viele Geschwister?: (S. 21)
Es sind vier Mädchen und drei Jungen, also sieben Kinder in der Familie.

Fallgruben, Stolperdrähte: (S. 21)

1.

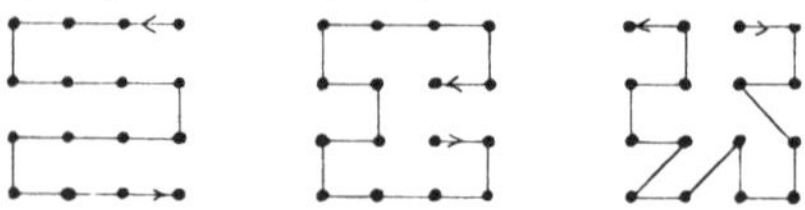

2.

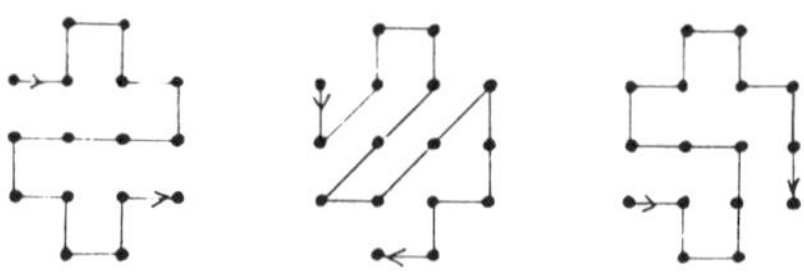

Wie die Uhr umstellen?: (S. 22)
Da sie nach England fährt, muß sie ihre Uhr eine Stunde zurückstellen: von 24 auf 23 Uhr.
Wenn sie die Uhr von der Sommerzeit auf die Winterzeit umstellen will, muß sie eine Stunde vorstellen: von 23 auf 24 Uhr. D.h. sie braucht ihre Uhr gar nicht umzustellen.

Wieviel Geld hat jeder?: (S. 22)
Ich habe 7 Euro, Lars hat 5 Euro.

Wie flink flitzt Fiffi?: (S. 23)
Fiffi läuft, wenn er nicht gerade mal wieder eine Schnupperpause macht, mit einer Geschwindigkeit von 25 km/h.

Krach macht ihn nicht wach: (S. 23)
Herr Baier ist taub.

Viel Geld gewinnen: (S. 24)
Er hat keineswegs nach 27 Spielen 10 Euro, sondern erst nach 30 Spielen, weil er für sein erstes Spiel 40 Cent benötigt.

Zeiger weg? Im Versteck!: (S. 24)
Die Zeiger überdecken sich noch sechsmal, und zwar:

um etwa 1.05 Uhr	um etwa 2.10 Uhr	um etwa 3.16 Uhr
um etwa 4.22 Uhr	um etwa 5.27 Uhr	um etwa 6.32 Uhr

Wann doppelt so alt?: (S. 24)
Nehmen wir an, die Kinder haben folgendes Alter:

Bert ist	6	7	8	9	10	11	12	13	...Jahre.
Tanja ist	2	3	4	5	6	7	8	9	...Jahre.

Bert ist jetzt 10 Jahre alt, Tanja 6 Jahre. In 2 Jahren ist Bert 12 Jahre und damit doppelt so alt wie Tanja jetzt.

Das Enten-Rätsel: (S. 25)
Eine der Lösungsmöglichkeiten:
- in den ersten Stall kommen die 10 Entenmütter mit je zwei Küken,
- in den zweiten und dritten Stall kommen jeweils fünf Enten mit einem Küken sowie fünf Enten mit drei Küken.

Auf dem Boden bleiben: (S. 25)
Es gibt mehrere Lösungen. Ein Beispiel:

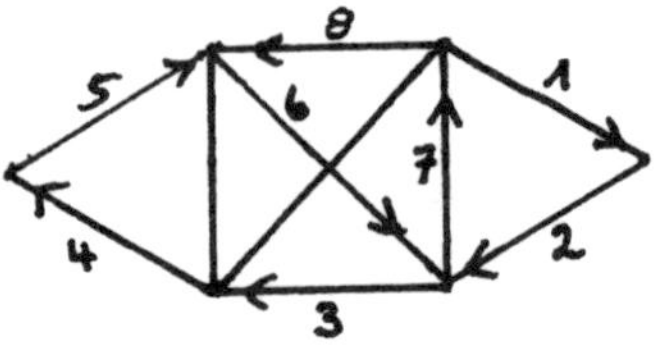

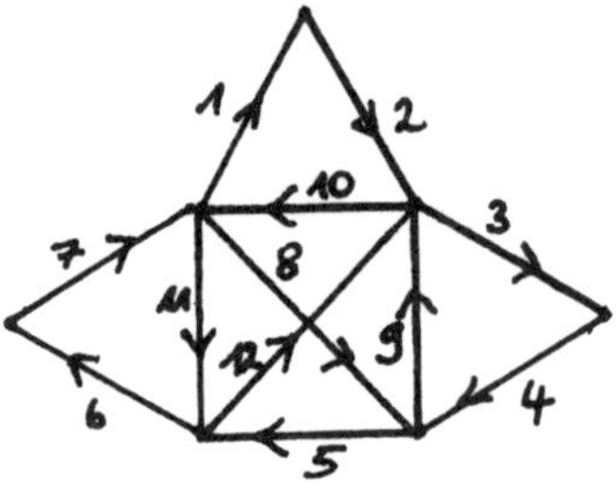

Immer mehr Autos: (S. 26)
Im 1. Jahr fahren 30 Autos in 1 Stunde vorbei.
Im 2. Jahr fahren 33 Autos in 1 Stunde vorbei.
Im 3. Jahr sind es 36 Autos. usw.
Sie wohnen im 9. Jahr dort.

Das große Honigmelonen-Verteilen: (S. 26)
Man teilt die Melone zweimal von oben (also senkrecht) und danach einmal von der Seite (waagerecht).

Variante:

Videofilme ansehen: (S. 27)
Sven, Marc und Nico: in 6 Tagen
Sven, Marc, Nico und Patrick: in 12 Tagen

Krimi-Rategeschichten

Umweltverschmutzer erwischt – aber wie?: (S. 28)
Wenn er die ganze Nacht fest geschlafen hat, kann er das große Containerschiff nicht gesehen haben.

Für Fernseh-Fans: (S. 29)
Von 22 bis 23 Uhr wollen sie mit ihrem *Videogerät* den Film „Der Pferdedieb" *gesehen* haben.

Zu genau der gleichen Zeit wollen sie eine Sendung vom Tennisturnier *aufgenommen* haben.
Das ist technisch jedoch nicht möglich.

Klunker-Ede hat kein Glück: (S. 30)
Klunker-Ede war, als er mit dem Kleinlaster in die City fuhr, bei der Geschwindigkeitskontrolle geblitzt worden. Auf dem Bild kann die Polizei – auch bei Nachtaufnahmen – die Person, die fuhr, erkennen.

Werden sie erwischt?: (S. 31)
Die Einbrecher konnten nicht entkommen: Der Alarm wird ausgelöst mit dem Öffnen der Tür des ersten Faches, d.h. als dieses bereits aufgebrochen ist. In einer halben Minute öffnen sie also nicht 6, sondern nur 5 Fächer. Für ein einziges Fach benötigen sie also nicht 5, sondern 6 Sekunden.
Sie müssen, nachdem die Polizei alarmiert wurde, noch 23 Fächer aufbrechen. Dafür brauchen sie 138 Sekunden. Nach 135 Sekunden ist jedoch die Polizei schon da.

Was verrät den Dieb?: (S. 31)
Der Leiter des Supermarktes hat nicht gefragt, was passiert ist und was gestohlen worden ist.

Der Einfall – ein Reinfall: (S. 32)
Das Foto stammt nicht vom Toten Meer, sondern von einem anderen See. Im Toten Meer brauchen die Kinder keine Schwimmwesten – sie können dort ja gar nicht untergehen. Johann Balhoff liegt auf seinem Foto vermutlich auf einem Luftkissen. Und die Bild-Zeitung ist schon ein paar Tage alt, das Foto kann durchaus einige Tage *nach* dem Einbruch gemacht worden sein.

Der hustende Häftling: (S. 33)
Seine Aussage, daß der Häftling „mit einem letzten schwachen Husten“ gestorben sei, steht im Widerspruch zu seiner Aussage, daß er ihn die ganze Nacht nicht mehr gesehen hat.

Wie den Dieb erkannt?: (S. 34)
Bei der eigenen Zimmertür klopft man nicht an.

Erwin wird erwischt: (S. 35)
Erwin hatte gesagt, daß er im Ausland war und von diesem Umweltskandal noch nichts erfahren hatte. Den Zeitpunkt der Tat, jenen Dienstag, hatte der Inspektor nicht genannt.

Was macht ihn verdächtig?: (S. 36)
Auch viele Leute, die gut logisch denken können, müssen diese Geschichte zweimal lesen.
Der Hauptwachtmeister stellte Christian die raffinierte Frage:
„Sind Sie der Meinung, daß man denjenigen, der so die Mädchen auf den Strich bringt und die Jungen auf die schiefe Bahn, in den Knast einsperren sollte – auch wenn er einen tollen Jaguar fährt?"
Alle Menschen, die nichts mit Drogen zu tun haben, hätten auf diese Frage mit „Ja" geantwortet bzw. ihm in anderer Weise zugestimmt. Christian tut das jedoch nicht: er schweigt – vermutlich, weil ihm vor der Strafvollzugsanstalt graut. Sein Schweigen auf jene Fangfrage macht ihn in hohem Maße verdächtig.

Es zählt die Zahl

Die Wunder des Wandels: (S. 38)

Aus der Eins kann die Sieben  entstehen.

Aus der Zwei  kann keine andere Zahl entstehen.

Aus der Drei  die  und 

Aus der Vier  keine.

Aus der Fünf  →  sowie 
usw.
Aus der Drei und der Fünf können jeweils zwei Zahlen entstehen.

Rufnummer – gut zu merken: (S. 39)
Es gibt 90 derartige Telefonnummern.

Dartboard-Sport: (S. 39)
Es gibt sieben Lösungen:

mit der Zahl 0:	7 + 8 + 0 = 15
	6 + 9 + 0 = 15
mit der Zahl 5:	4 + 5 + 6 = 15
	3 + 5 + 7 = 15
	2 + 5 + 8 = 15
	1 + 5 + 9 = 15
weitere:	3 + 4 + 8 = 15

Wieviel bekommt jeder?: (S. 40)
11 x 5 x 1 = 55

Wär' ich der Millionär: (S. 41)

4 x 3 Dollar (für Buntstifte)	=	12	Dollar
8 x 6 Dollar (für Videokassetten)	=	48	Dollar
40 x 1 Dollar (für Kaugummi)	=	40	Dollar
		100	Dollar

Der Uhr auf der Spur: (S. 41)
Es gibt 15 verschiedene Möglichkeiten, wenn man auch die Zeit 00.00, 11.11 und 22.22 als richtig ansieht, sind es jedoch 18.

Welche Zahl ist es?: (S. 42)
Für alle Zeilen gilt, daß jeweils die erste Zahl die Summe aller folgenden Zahlen dieser Reihe ist. Gesucht wurde die Zahl 3.

Wohin mit der Null?: (S. 42)
Im Feld A sind nur Zahlen aus 5 Streichhölzern.
Im Feld B sind nur Zahlen aus 6 Streichhölzern.
Im Feld C sind nur Zahlen mit weniger als 5 Streichhölzern.
Die „Null“ besteht aus 6 Streichhölzern und gehört somit zu Feld B.

Buchstaben und Zahlen verteilen: (S. 43)

A	A	3	3
A	A	3	3
3	3	A	A
3	3	A	A

A	A	3	3
3	3	A	A
A	A	3	3
3	3	A	A

3	A	3	A
3	A	3	A
A	3	A	3
A	3	A	3

3	3	A	A
A	A	3	3
A	A	3	3
3	3	A	A

A	3	A	3
A	3	A	3
3	A	3	A
3	A	3	A

Vorspulen für Film 3: (S. 43)
Die Zahlen, die das Zählwerk meines Videoapparates anzeigt, sind genau um ein Viertel höher als die bei Eriks Gerät:
1632 : 4 = 408 — 1632 + 408 = 2040
2856 : 4 = 714 — 2856 + 714 = 3570
Der 3. Film beginnt bei meinem Recorder bei 3570.

Oben oder unten?: (S. 44)
Die Zahl „3" gehört in das untere Kästchen: Zahlen mit geraden Linien stehen in den oberen Kästchen, die mit runden bzw. mit gebogenen Linien in den unteren Kästchen.

Schicki-Micki mit Zahlen: (S. 44)

$$\begin{array}{r} 1 \\ 3\,3\,3\,3 \\ 3\,3\,3\,3 \\ +\,3\,3\,3\,3 \\ \hline 1\,0\,0\,0\,0 \end{array}$$

Viermal die gleiche Zahl: (S. 45)

❑❑❑❑E
E❑❑❑❑
❑E❑❑❑ — 5
❑❑E❑❑
❑❑❑E❑

Es gibt 10 verschiedene Ziffern auf dem Tacho.
Es gibt 50 verschiedene Möglichkeiten.
(E = es ist egal, welche Zahl das ist)

Verteile ohne Eile: (S. 45)
Es gibt etliche Lösungen zu dieser Aufgabe. Eine davon ist:

4	6	9
9	4	6
6	9	4

Blitzschnell schätzen: (S. 46)
Die Summe beider Säulen ist gleich. Alle Zahlen, die unter dem Buchstaben a stehen, ergeben 8; alle unter dem Buchstaben b ergeben sowohl bei der rechten Reihe als auch bei der linken 14. Alle Zahlen, die unter dem Buchstaben c stehen, …

Wer weiß den Kreis?: (S. 46)
Die Summe aller Zahlen im äußeren Kreis beträgt 23: Das ist die Zahl, die man in der Mitte sieht.
Da die Summe aller Zahlen im inneren Kreis gleichfalls 23 betragen soll, gehört in den leeren Kreis die Zahl 1.

Aufgewacht um Mitternacht: (S. 47)
Man sieht in jener Zeit 59 mal eine neue Zahl.
Eine andere Ziffer erscheint 64 mal.
(Versteht man diese Aufgabe als Scherzfrage, dann sind es 10 mal.)

Stets hundert – ganz simpel: (S. 47)

22	23	27	28
23	28	22	27
27	22	28	23
28	27	23	22

27	23	22	28
22	28	27	23
28	22	23	27
23	27	28	22

Die Wahl der Zahl: (S. 48)

$$\begin{array}{r} 4\,3\,4\,4 \\ +\,8\,1\,1\,4 \\ \hline 12\,4\,5\,8 \end{array}$$

Das Geheimnis des Spions: (S. 48)

$$\begin{array}{r} 5\,9\,6\,2\,4 \\ +\,1\,7\,6\,6\,2\,4 \\ \hline 2\,3\,6\,2\,4\,8 \end{array}$$

Bei den Buchstaben „V" und „U" gibt es auch andere Möglichkeiten.

Welche Zahl paßt?: (S. 49)
Die Zahlen der beiden Doppelfelder, die einander diagonal gegenüberliegen, haben stets die gleiche Summe: Gesucht ist die Zahl 9.

Fix beim Zahlenmix: (S. 49)
Pfiffige Knobelfans finden meistens schon nach wenigen Minuten eine von den (vielen möglichen) Lösungen.
Ein Beispiel:

$$\boxed{29 + 41 + 3 + 5 + 6 + 7 + 8 + 0 = 99}$$

Goldring zu gewinnen: (S. 49)
Es gibt mehrere Lösungen, z.B.
(3 x 4) + (5 x 6) – (2 x 7) = 28 oder:
(6 x 7) – (4 x 5) + (2 x 3) = 28

Zusammenzählen – aber wie?: (S. 50)

A.)	8 8 8	B.)	7 7 7
	5 5 5		2 2 2
	4 4 4		5 5 5
	5 9		3 2

Genau hinsehen

Logische Fortsetzungen: (S. 51)

1) Ergebnis: 17 (stets kommen 2 hinzu)
2) Ergebnis: 10 (immer abwechselnd wird 3 addiert und 1 abgezogen)
3) Ergebnis: 1 (wir haben stets 1 Buchstaben des Alphabets ausgelassen)
4) Ergebnis: 9 (-5, -4, -3, -2, -1)
5) Ergebnis: S (von Buchstabe zu Buchstabe wird immer 1 Buchstabe mehr ausgelassen)

Die fehlenden Zahlen finden: (S. 51)

4			
	1		
		2	
			3

Die Zahlen wandern immer eine Spalte nach links und zugleich eine Spalte nach oben.

Wer findet das Zeichen?: (S. 52)
In die rechte Ecke müßte das Zeichen  kommen, denn dann sind alle Zeichen zweimal vorhanden.

Das fehlende Bild finden: (S. 52)

1)

2)

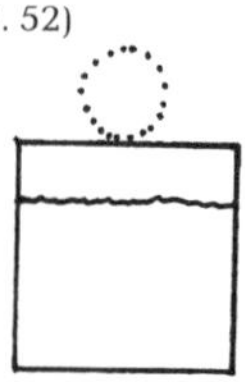

3) Es ist das Gesicht in dem Kasten C

Gesetzmäßigkeit gesucht: (S. 53)
Die richtige Lösung zur ersten Aufgabe ist die mit der Zahl „5". (Der Gegenstand wurde nach links und dann nach rechts gekippt.)
Die richtige Lösung für die zweite Chance ist die mit dem Buchstaben „D". (Jeder Gegenstand wandert stets um eine Stelle weiter nach rechts.)

Was zeigen die Zeiger?: (S. 54)
Der Stundenzeiger geht immer um zwei Stunden voran, der Minutenzeiger um 15 Minuten: Die vierte Uhr muß 6.00 anzeigen.

Ursprüngliche Uhrzeit?: (S. 55)
Der kleine Stundenzeiger geht immer um 3 Stunden zurück, der große Minutenzeiger jeweils um 30 Minuten. Die erste Uhr müßte also 3.30 anzeigen.

Die tolle Torte: (S. 55)
Jedes zweite Zeichen ist zweifarbig: Die Lösung muß also dunkle Teilchen haben. Sie darf aber nicht nur ein einziges dunkles Teilchen haben oder drei, sondern muß *zwei* davon haben: Es ist die Nr. 6.

Vier Vorlagen für ein Haus: (S. 56)
A) Aus keiner der Vorlagen.
(Seid ihr anderer Ansicht? Dann könnt ihr den Grundriß zeichnen, ausschneiden und falten.)

Zwei Teile – ein Ganzes: (S. 57)
Der Satz lautet: „Das Leben ist schön."

Wer findet die Zahl?: (S. 57)
In jeder Zeile ist jeweils der zweite Buchstabe derjenige, der zuerst im Alphabet vorkommt. Die Zahl in jeder Zeile gibt jeweils die Anzahl der Buchstaben an, die zwischen den beiden Buchstaben einer Zeile liegen. Im letzten Kasten muß also die Zahl 8 stehen.

Wer findet den Fehler?: (S. 58)
Die großen Doppelbuchstaben erscheinen von rechts nach links in alphabetischer Reihenfolge. Das KK fällt aus dem Rahmen: an dessen Stelle müßte GG stehen.

Auto an Auto:
(S. 58)

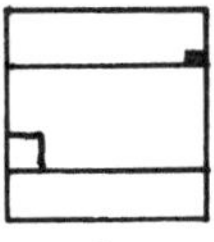

1

Bloß ein Buchstabe: (S. 59)
Der 2. und der 4. Buchstabe haben jeweils einen kurzen Strich mehr als der unmittelbar vorangehende Buchstabe.
Der 6. Buchstabe ist somit ein Q.

Folge und Fehler finden: (S. 59)
Die richtige Reihenfolge der Zeichnungen ist B, D, A, C oder umgekehrt.

falsches Bild
= C

richtiges Bild

In Bild C fehlt der Kreis (die Sonne), und es fehlen die unteren Äste der Tannen.

Symbol gesucht: (S. 59)

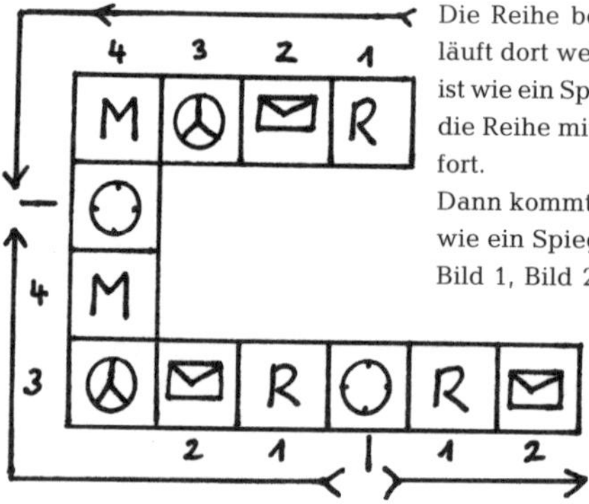

Die Reihe beginnt oben mit Bild 1 und läuft dort weiter bis Bild 4. Das Bild  ist wie ein Spiegel, denn danach setzt sich die Reihe mit Bild 4, Bild 3, Bild 2, Bild 1 fort.
Dann kommt abermals das Bild , das wie ein Spiegel sein soll: denn es folgen Bild 1, Bild 2. Das gesuchte Bild ist das Bild 2: 

Wie den Würfel gedreht?: (S. 60)

1 . Reihe:

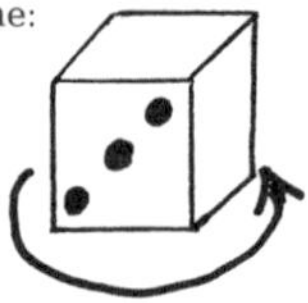

2. Reihe:

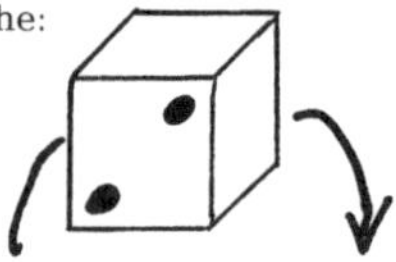

3. Reihe :

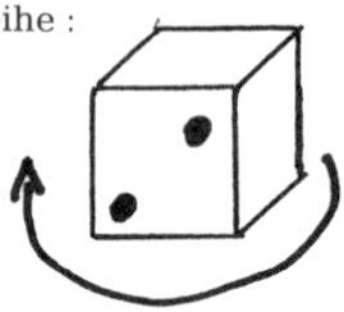

Streichholzspiele

Zündholz-Zehn: (S. 61)

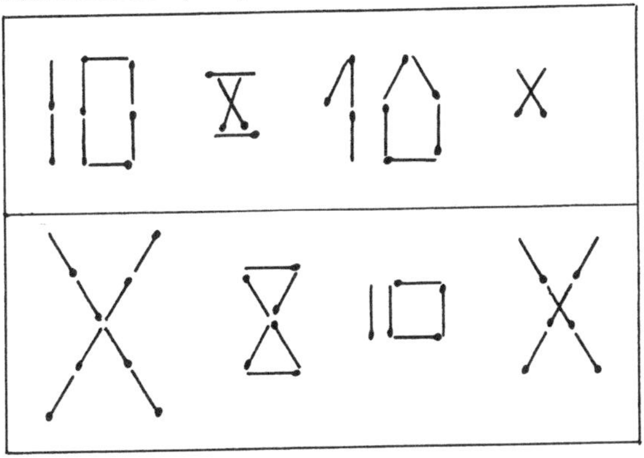

Vorfahrt für Pfiffige: (S. 61)

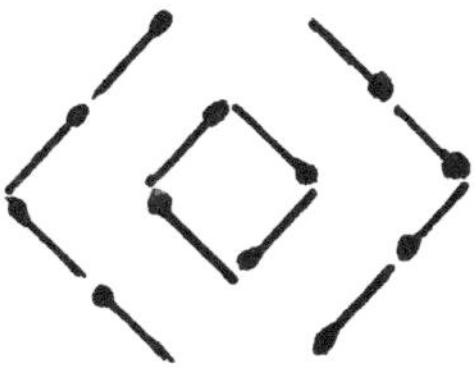

Man nimmt die Streichhölzer an der oberen und unteren Ecke weg und legt sie so hin:

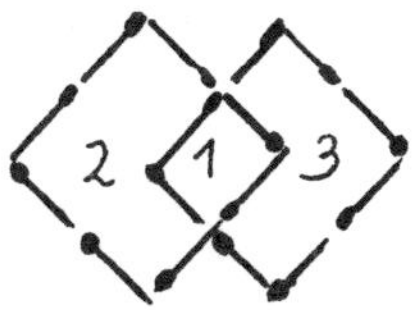

Oder man nimmt alle vier Streichhölzer in der Mitte weg und legt sie so hin:

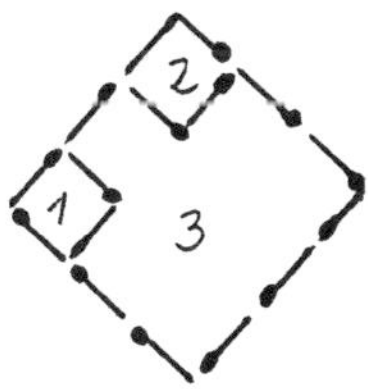

Die Glücks-Dreizehn: (S. 62)

Die Vier-zu-Drei Zauberei:
(S. 62)

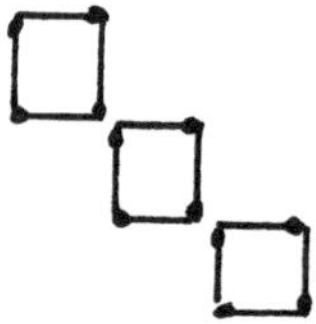

Kreuz zu Kästen: (S. 62)
Zum Beispiel:

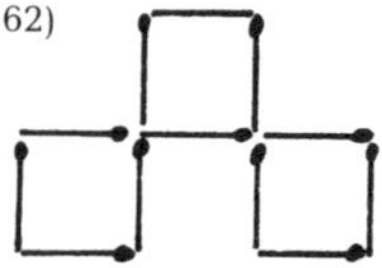

Aus neun werden sechs:
(S. 62)

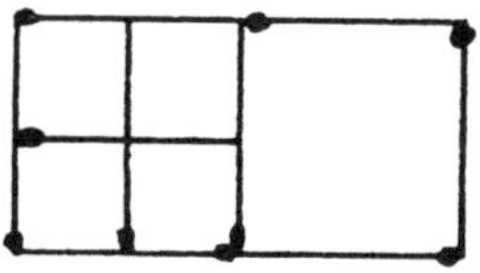

Dreiecke verschwinden:
(S. 63)

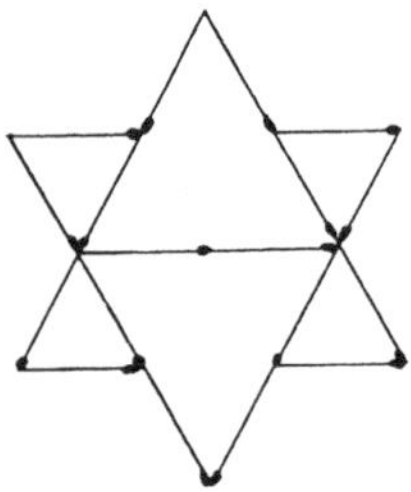

Verbessert das Falsche!: (S. 63)

XIII − III = X

VIII − III = V

Köpfchen, Köpfchen: (S. 63)

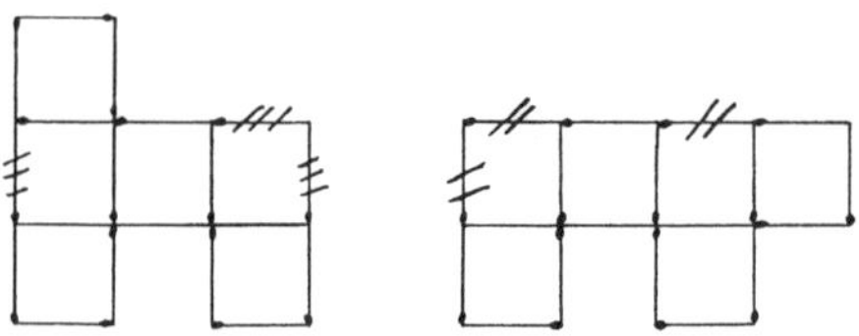

Drei Quadrate?!!: (S. 64)

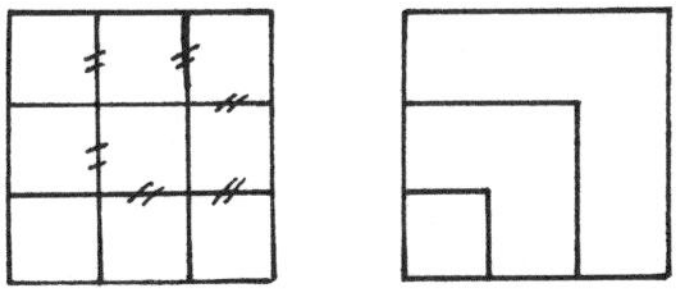

Man muß die 6 durchgestrichenen Hölzer wegnehmen.

Der Dreieck-Trick: (S. 65)

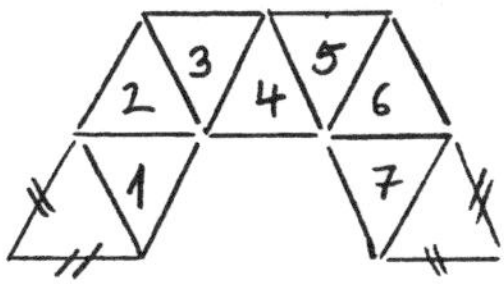

Raus aus der Mitte!: (S. 65)

Man nimmt nicht die Streichhölzer aus der Mitte fort, sondern drei der außenliegenden und legt damit ein neues Quadrat.

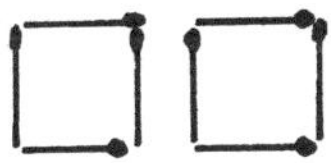

Die Ein-Ei-Knobelei: (S. 65)

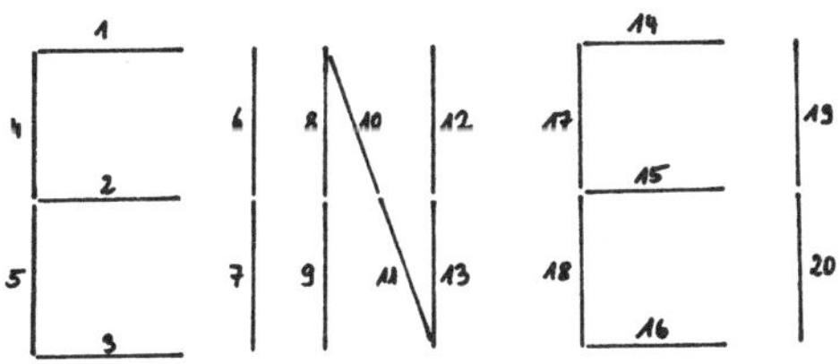

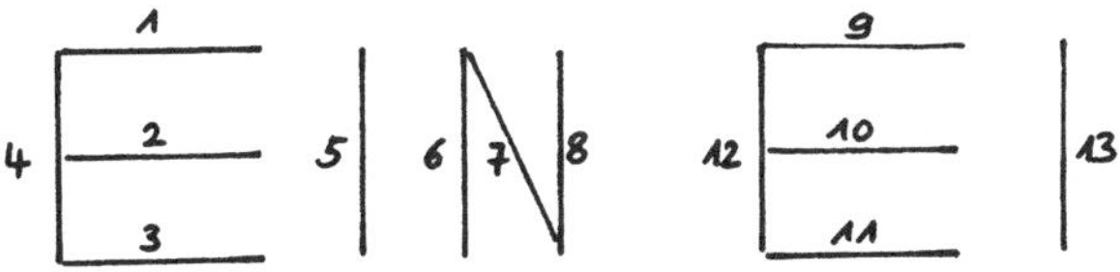

Viel verändern im Haus: (S. 65)

1)

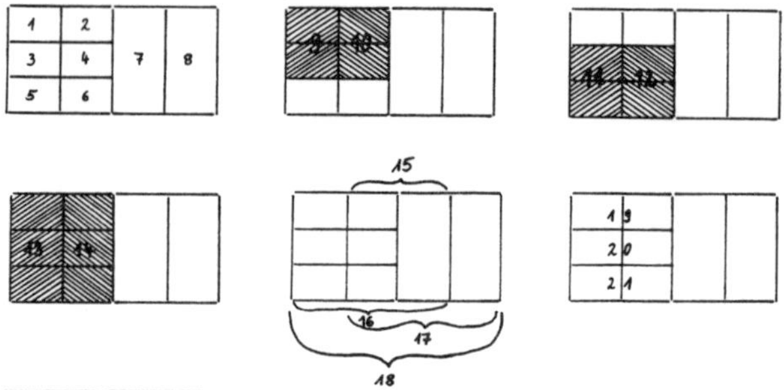

2) a)

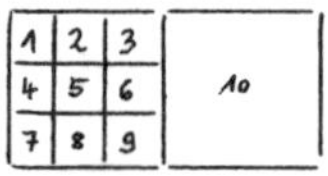

b) das große Quadrat von 1 bis 9 ist 10

c) das Quadrat 1, 2, 4 und 5 ist 11

d) das Quadrat 2, 3, 5 und 6 ist 12 usw.

Ein Haus aus Sektgläsern: (S. 66)

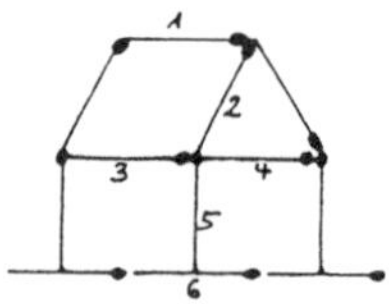

Um die Ecke denken: (S. 66)

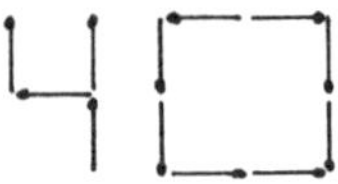

Vorsicht Glatteis

Bunte Blumenpracht: (S. 68)

Narzissen blühen im Frühjahr: Es handelt sich also um Papierblumen oder um Blumen aus Seide.

Ein Trick – jeweils vier Stück: (S. 68)

Man lege den Bierdeckel Nr. 4 *auf* Bierdeckel Nr. 2, und schon sind in jeder Reihe 4 Bierdeckel.

Zweikampf mit dem Spielleiter: (S. 69)
Es ist egal, wie viele man als Spielleiter am Anfang wegnimmt. Gegen Ende muß man jedoch immer gerade so viele wegstreichen, daß für den anderen 9, beim nächsten Durchgang dann 5 übrigbleiben.

Die Polizei fand nichts dabei: (S. 69)
Die Frau fuhr nicht in einem Auto, sondern schob einen sportlichen Kinderwagen (oder hatte ein Modellauto bei sich).

Gefüllte Gläser: (S. 70)
Der Trick besteht darin, daß man das Gefäß 2 und dann das Gefäß 4 nimmt und deren Inhalt in die leeren Gefäße am Ende des Regals füllt.

Wer weiß wo?: (S. 70)
Es gibt sogar zwei solche Punkte:
1) Das Berghotel zum Zeitpunkt der Mitternacht.
2) Natürlich gibt es noch einen weiteren Punkt. Er könnte vielleicht – mit aller Vorsicht gesagt – ungefähr auf der halben Strecke liegen, er läßt sich jedoch nicht präzise angeben.

Löwen verfolgen Touristen: (S. 71)
Wer hier lange rechnet, ist selber schuld!
Der Pilot flog genau eine halbe Stunde mit einer Geschwindigkeit von 210 Meilen pro Stunde; er flog also 105 Meilen.

Alle bekommen Besuch: (S. 72)
Es gibt mehrere Lösungen. Ein Beispiel:

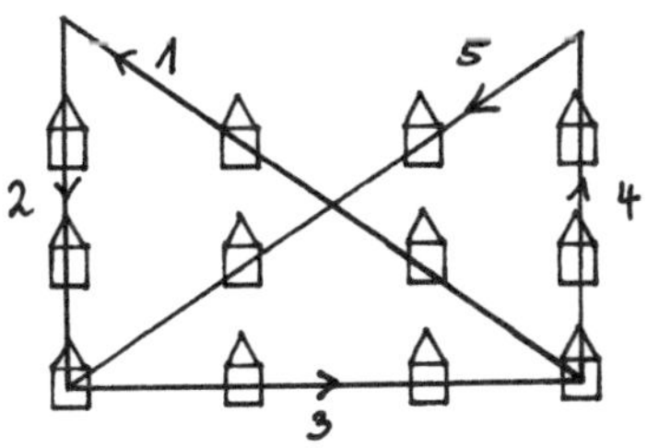

Sieger und Verlierer: (S. 73)
Es war kein Spiel der Schüler-, sondern der Lehrermannschaft.
(Oder es waren alles Eigentore.)

Welches Schiff ist schneller da?: (S. 73)
Rein rechnerisch sind beide Schiffe zur gleichen Zeit da. Da der kleine, alte Dampfer jedoch gegen die Strömung fahren muß (und sich durch die einsetzende Ebbe die Strömung noch verstärkt), ist er erst später beim Leuchtturm.

Wer ist dichter dran?: (S. 74)
Habt ihr es mit Rechnen versucht? Diese Aufgabe enthält jedoch eine Falle: Der Rennradfahrer und der Jogger befinden sich, als sie einander begegnen, an ein und demselben Ort, sie sind also gleich weit vom Baum entfernt.

Rasende Rennradler: (S. 74)
Sie haben beim Hin- und Rückweg zu jener Rundstrecke ihre Rennräder entweder im Auto oder auf dem Fahrradträger auf dem Auto.

Intelligenztest für Superkluge: (S. 75)
1) mit gar keiner, denn er ertrank
2) ja
3) Silvester
4) Es ist kein Rauch da.
5) einmal
6) Sechs haben mindestens 10 Euro dabei.
7) nicht möglich
8) so alt wie dein Vater
9) entweder a) es gibt keine Bücherwürmer oder b) 20 Tage
10) Du kannst damit nicht fahren, denn die Kette fehlt.
11) Nein, manchmal wird er disqualifiziert.
12) 20 (8 im Papierkorb)
13) ein Streichholz
14) sieben Kinder
15) 250
16) alle
17) ja „B"erlin, „h"inten
18) einmal

Rätselhafte Logik

Gleicher Name – aber wieso?: (S. 78)
1) Die Frau heiratet den gleichen Mann, von dem sie sich hatte scheiden lassen, nochmals.
2) Die Frau heiratet einen anderen Mann, der aber zufälligerweise den gleichen Nachnamen hat wie ihr erster Mann.

Wer ist am schnellsten?: (S. 78)
Am schnellsten ist Berta.
Am zweitschnellsten ist Achim.
Dann folgt Corinna.
Am langsamsten ist Dieter.

Die plötzliche Blitzidee: (S. 79)
Sie hat alle Kästchen angekreuzt. Da konnte sie nichts falsch machen, denn der Polizist wollte über alle falsch angekreuzten Kästchen hinwegsehen.

Ein Trick macht's möglich: (S. 80)
SPD: blaugelb
CDU: grün
Grüne: rot
F.D.P.: schwarz

Sportart und Hobby: (S. 81)
Conny spielt Tischtennis. Ihr Hobby sind Hunde.

Entführung! – Ganz klar!: (S. 82)
Das Mädchen ist ihre Tochter.

Die Freundin von Markus heißt ...: (S. 83)
Katja und Meike sind nicht im Kino.
Karstens Freundin ist Katrin.
Karsten ist nicht im Kino.
Im Kino sind also Thorsten und Sven.
Verena ist nicht mit Thorsten und Sven befreundet, also mit Markus.

Logelei um Herrn May: (S. 83)

1) Wenn das Ehepaar Bäcker kommt, erscheinen auch Frau Hase und das Ehepaar Müller.
   Falls Frau Hase gratulieren geht, tut das auch Herr Knut.
   Wenn Herr Knut kommt, erscheint Familie Froh nicht; das geht aber nicht, denn wenn das Ehepaar Müller kommt, kommt auch das Ehepaar Froh.
2) Falls Frau Hase erscheint, kommt auch Herr Knut; d.h. das Ehepaar Froh wird jene Familie nicht besuchen, also kommt auch das Ehepaar Müller nicht.
   Es kommen also nur Herr Knut und Frau Hase zum Gratulieren.

Welche Feier bei Frau Meyer?: (S. 84)
30 Jahre alt: 30. Geburtstag

40 Jahre alt: 35. Geburtstag
43 Jahre alt: 36. Geburtstag
46 Jahre alt: 37. Geburtstag
49 Jahre alt: 38. Geburtstag
53 Jahre alt: 39. Geburtstag
Sie ist also 53 Jahre alt und feiert ihren 39. Geburtstag.

Für scharfe Denker

Den Schummler ausgetrickst: (S. 85)
Natürlich wird derjenige, der zur Toilette war, aufgefordert, das erste Los zu ziehen. Und er tut es, rollt den Zettel auseinander und sagt: „Ich hab gewonnen!"
Als er sogleich den Zettel in die Flamme der Kerze, die auf dem Tisch steht, hält, sagt er: „Damit das Kartellamt keine Beweise findet!"
„Das stimmt nicht, Sie schummeln", sagt der andere.
„Keineswegs – lesen Sie doch den zweiten Zettel!"

Vaters Alter ist gefragt: (S. 86)
Vater: 35 Jahre, Tochter: 7 Jahre, Sohn: 5 Jahre; oder:
Vater: 70 Jahre, Tochter: 14 Jahre, Sohn: 10 Jahre.

Bierdeckel-Pyramiden-Bau: (S. 86)
Gewonnen hat, wer nur drei Bierdeckel zu bewegen braucht.

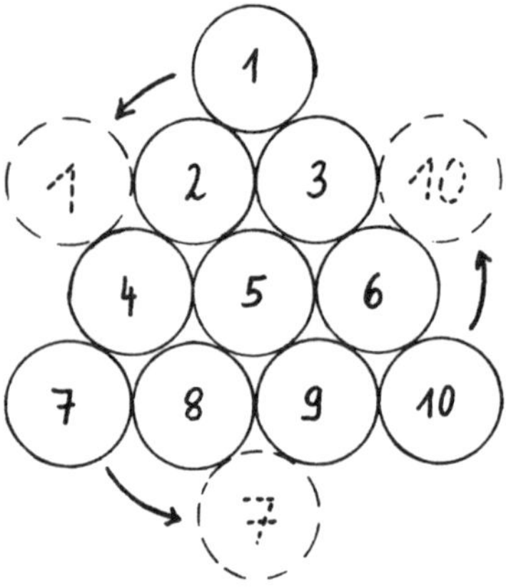

Verteilen der Beute: (S. 86)

1. Einbrecher	2. Einbrecher	3. Einbrecher
3 neue 2 gebrauchte 3 alte	3 neue 2 gebrauchte 3 alte	2 neue 4 gebrauchte 2 alte
Summe: 8	8	8

Alle Kabel sind anders: (S. 87)

Es gibt sechs Möglichkeiten, und zwar die folgenden:

1. Versuch:	1 an A	2 an B	3 an C
2. Versuch:	1 an B	2 an C	3 an A
3. Versuch:	1 an C	2 an A	3 an B
4. Versuch:	1 an A	2 an C	3 an B
5. Versuch:	1 an B	2 an A	3 an C
6. Versuch:	1 an C	2 an B	3 an A

Wie jung ist sie?: (S. 88)

als junges Mädchen: mit 13 Jahren
zum zweiten Mal: mit 24 Jahren
zum heutigen Geburtstag: mit 35 Jahren

Hund, Katze, Maus: (S. 88)

3 Hunde	45,– Euro
41 Katzen	41,– Euro
56 Mäuse	14,– Euro
100 Tiere	100,– Euro

Das Gleichgewicht: (S. 89)

1 Gewicht  entspricht 1 ⊠ und 1 △

1 Gewicht ⊠ entspricht 3 △

1 Gewicht  entspricht 4 △

Beispiele für Lösungen:

4 ⊠ und 4 △ oder

5 ⊠ und 1 △ oder

16

sowie andere Kombinationen von ⊠ und △

Aller Anfang ist schwer: (S. 89)

	4.Tag	5. Tag	6. Tag	7. Tag
sie schrieb an diesem Tag	$^1/_4$	$^1/_2$	1	2
von den Tagen vorher hatte sie bereits	0	$^1/_4$	$^3/_4$	$1^3/_4$
sie hat am Ende dieses Tages insgesamt	$^1/_4$	$^3/_4$	$1^3/_4$	$3^3/_4$

Die 10. Seite schaffte sie am 9. Tag.

Wie lange hält das Geld?: (S. 90)
Er kann ganze 30 Monate ein solches Leben führen.

Nichts für trübe Tassen: (S. 90)

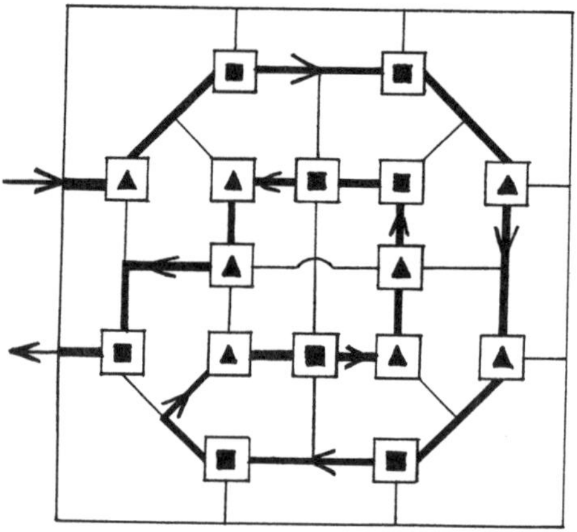

Immer mehr Meerschweinchen: (S. 91)
Am 1. Juni sind es 10 Tiere.
Anfang Juli: Es sind 5 Weibchen mit je 10 Jungen, also 50 Jungtiere sind hinzugekommen. Ferner sind da die 5 Muttertiere sowie die 5 Vatertiere. Es sind also insgesamt 60 Tiere.
Anfang August hat sich die Zahl *nicht* erhöht, weil die Jungtiere noch nicht geschlechtsreif sind und die Muttertiere noch ihre Jungen säugen und nicht trächtig werden. Anfang September sind es 30 Muttertiere mit je 10 Jungen (= 330) sowie 30 Vatertiere, also insgesamt 360 Tiere.

Den Kuchen teilen: (S. 92)

Es gibt mehrere Lösungen.

1)

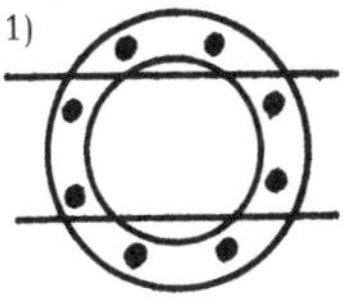

2)

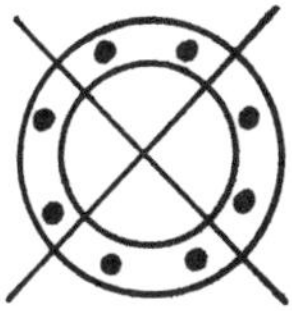

Die Striche sollen Schnitte darstellen. So wie man die vier Doppelstücke auch übereinanderlegen kann, so kann man den Kranz auch mit dem Schnitt a einmal halbieren und dann die eine Hälfte auf die andere legen.

3)

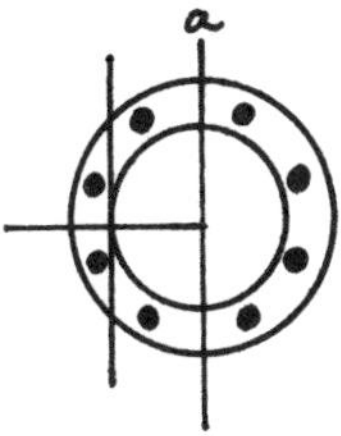

Trickreiche Spionageabwehr: (S. 92)

Er läßt seine Sekretärin mehrere *verschiedene* Briefe – mit stark voneinander abweichenden Aussagen – schreiben. Und welchen von diesen er zur Post gibt, das bleibt natürlich sein Geheimnis.

Brücken mit Tücken: (S. 93)

Die Brücke D kann das Fahrzeug mit dem größten Gewicht tragen.

Cowboys und Pferde: (S. 94)

Der Punkt in der Mitte wird nicht mitgezählt, er stellt das Lagerfeuer dar. Drumherum sitzen die Cowboys:

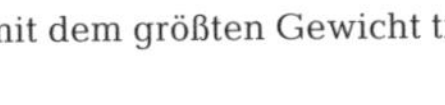

Alles andere sind Pferde:

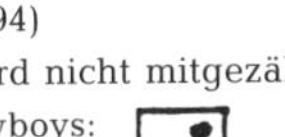

Falsche Flächen finden: (S. 94)

Falsch ist die Fläche D. Dort müßte ein Dreieck sein. Die Klebefläche 4 wird nicht gebraucht. Die Klebefläche 1 oder 7 sowie die Klebefläche 2 oder 6 sind unnötig: Man braucht jeweils nur eine einzige von ihnen.

Das Goldstück auf der Schaufel:
(S. 95)

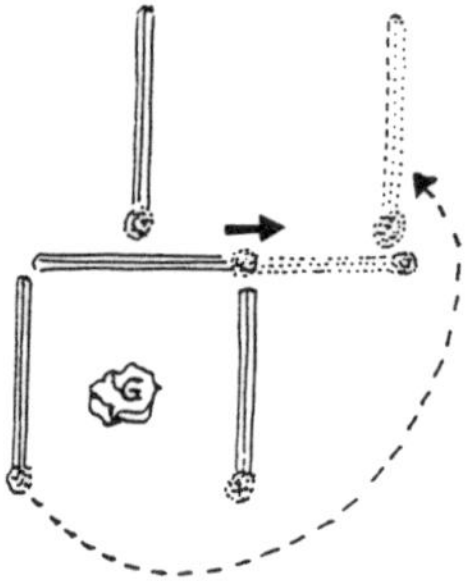

Den Piranhas entkommen: (S. 96)

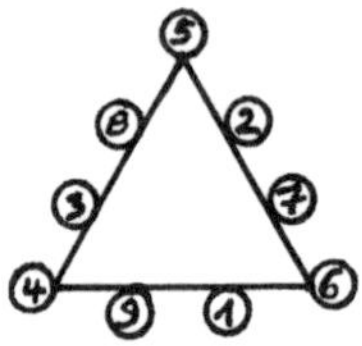

Der Trick fürs Tor: (S. 97)
Der Vater bohrt – etwas schräg – ins Ende beider Bretter ein Loch, das gerade so groß ist wie die Gardinenstange.
Er stellt die Bretter etwas schräg auf und steckt die Stange in die Löcher.

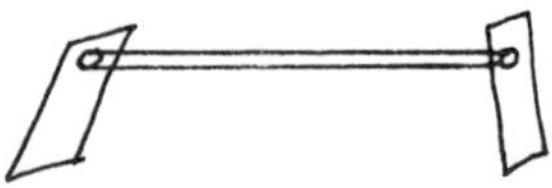

2. Möglichkeit: Er sägt beide Bretter der Länge nach durch und schraubt sie am Ende aneinander. In der Gabel kann man die Stange festbinden.

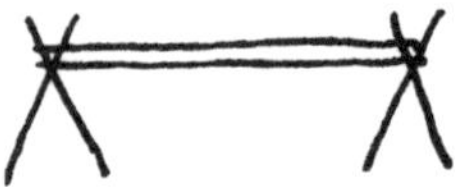

Ganz harte Nüsse

Anruf im Auto: (S. 98)
Bei 100 km/h braucht er für die letzten 50 Kilometer noch 30 Minuten. Wollte er diese Strecke in 20 Minuten schaffen, dann müßte er 150 km/h fahren.

Exakt sieben Minuten: (S. 98)
1) Man läßt beide Sanduhren zugleich laufen. Ist die kleine leergelaufen, ist in der großen noch Sand für drei Minuten.

2) Man dreht die kleine Sanduhr, sobald sie leer ist, sofort wieder um und läßt den Sand neu durchlaufen.
3) Der Rest aus der großen Uhr ist alle, wenn in der kleinen Uhr noch genau zwei Minuten stecken.
4) Ich nutze diese zwei Minuten und dann nochmals die kleine Uhr mit ihren fünf Minuten.

Wie viele Paare waren da?: (S. 99)
Es sind 36 Paare mit 1 Kind = 108 Personen
Es sind 18 Paare mit 3 Kindern = 90 Personen
Das sind, einschließlich des kinderlosen Paares, genau 200 Besucher.

Fünf Kinder – fünf Teile:

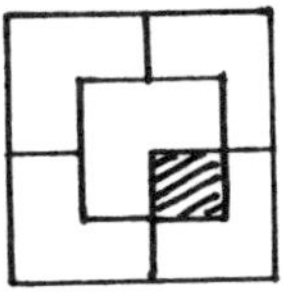

Große Frage: Welches Tempo?: (S. 99)
Er hätte die gesamte Strecke von 20 km innerhalb von einer Stunde schaffen müssen, wenn er eine Durchschnittsgeschwindigkeit von 20 km/h erreichen will. Ist er die halbe Strecke mit einem Schnitt von 10 km/h gefahren, dann hat er dafür bereits eine ganze Stunde benötigt. Damit ist die gesamte Zeit abgelaufen, für die Rückfahrt bleibt ihm nicht einmal der Bruchteil einer Sekunde.

Wie drehen sich die Räder?: (S. 100)
Das 2. Rad dreht sich in Richtung A.
Es dreht sich genauso schnell wie das 1. Rad.

Stapfen durch die Steppe: (S. 101)
Die beiden Mädchen gehen nur einen Tagesmarsch mit. Dort angekommen, gibt jedes Mädchen einem Jungen eine Proviant-Portion und kehrt wieder zum Auto zurück.
Jeder Junge hat jetzt wieder Proviant für sechs Tage. Die beiden Jungen marschieren nun weitere zwei Tage. Dann gibt der eine dem anderen eine Proviantportion und kehrt um zum Auto. Der Junge, der jetzt allein weiterzieht, hat damit fünf Portionen, und das reicht.

Schlauer als der Bauer?: (S. 101)
Für 90 Eier gibt es 1 Ziege und 1 Gans.
2 Ziegen sind soviel wert wie 3 Gänse.

Folglich ist eine Ziege soviel wert wie 3/2 Gänse.
1 Ziege und 1 Gans = 3/2 Gans + 2/2 Gans = 5/2 Gänse = 90 Eier
Für 90 x 2 /: 5 = 36 Eier bekommt er 1 Gans.
90-36 = 54 Eier für eine Ziege
5 Gänse = 180 Eier
3 Ziegen = 162 Eier

342 Eier

Er hätte nur 342 Eier zum Viehmarkt mitzunehmen brauchen.

Cleverer Kandidat: (S. 102)
Hat Herr Müller einen Fuchs auf dem Rücken, dann würde Herr Meier – da es nur zwei Füchse gibt – sofort sagen, daß er selbst einen weißen T-Shirt-Rücken hat. Da Herr Meier jedoch nichts sagt, weiß Herr Müller, daß er selbst keinen Fuchs auf seinem Rücken hat, sondern ein weißes T-Shirt.
Da Herr Schulz aber diese Überlegungen nicht anstellen kann, hat diese Aufgabe den Probelauf nicht überstanden und wurde nie gesendet.

Wer sitzt wo?: (S. 103)

		Lars		
	Beate		Inga	
Timo				Michael
Britta				Nina
	Ralf		Tom	
		Tanja		

Schnell im Auto oder Kopf?: (S. 103)
Durch die City braucht er für die 10 km bei 30 km/h 20 Minuten.
Die Umgehungsstraße ist insgesamt 20 km lang. Bei 50 km/h benötigt er dafür 24 Minuten.

Vier fahren umsonst: (S. 104)
Die Gruppe bestand aus 20 Personen.
16 Personen zahlen je 3,75 Euro = 60 Euro.

Wer ist schlauer als der Trainer?: (S. 105)
Bei 2 Spielern gibt es 2 Möglichkeiten, die Spieler aufzustellen.
Bei 3 Spielern gibt es 2 x 3 Möglichkeiten, also 6.
Bei 4 Spielern gibt es 2 x 3 x 4 Möglichkeiten, also 24, usw.
Bei 10 Spielern gibt es 2 x 3 x 4 x 5 x 6 x 7 x 8 x 9 x 10 Möglichkeiten, insgesamt also 3 628 800, mal 20 Sekunden sind 72 576 000 Sekunden. Das sind 840 Tage.

Seine Freundin wird ihm sicherlich weglaufen, wenn er nicht selber einsieht, daß er diese Art von Mannschaftsaufstellung aufgeben muß.

Wer erhält wieviel?: (S. 105)
Die älteste Tochter bekommt 84 000 Euro. Sie heißt Frau Glücklich.
Die mittlere Tochter bekommt 88 000 Euro und heißt Fröhlich.
Die jüngste Tochter bekommt 92 000 Euro und heißt Sparsam.

Jetzt auf CD-ROM:

Jede Menge Spielideen!
680 Gruppenspiele für Jugendarbeit und Schule
Mit Spielen von Irene Flemming, Jürgen Fritz, Winfred Kaminski und Martina Müller
ISBN 3-7867-2000-2

„Jede Menge Spielideen" hilft Ihnen, für (fast) jede Situation das richtige Gruppenspiel zu finden. In der elektronischen Spielkartei rufen Sie die Ideen nach den Kriterien *Gruppengröße, Altersstufen, Spieldauer, Spielort, Spielarten* auf. Wenn Sie ein geeignetes Spiel gefunden haben, drucken Sie die ausführliche Anleitung aus – und schon kann das Vergnügen beginnen!
Die Spiele sind ohne großen Aufwand an Hilfsmitteln durchzuführen. Die übersichtliche Bildschirmgestaltung läßt auf den ersten Blick erkennen, um was es geht.
Diese CD-Rom ist ein „Muß" für alle, die in Jugendarbeit und Schule mit Gruppen von Kindern, Jugendlichen und Erwachsenen spielen.

Matthias-Grünewald-Verlag · Mainz

Rechtschreibprobleme spielend lösen!

Winfred Kaminski / Martina Müller
Mit Bleistift und Feder
Schreibspiele für die Klassen 5–7
ISBN 3-7867-1965-9

Viele Kinder und Jugendliche haben Probleme mit der Rechtschreibung – dieses praktische Buch möchte LehrerInnen helfen, die Lust am Schreiben zu fördern. Die ausgewählten Sprachspiele richten sich an SchülerInnen der Klassen 5–7 und laden dazu ein, Phantasie und schöpferisches Potential der Jungen und Mädchen zu aktivieren

Winfred Kaminski / Martina Müller
Werkstatt Schreiben
Ideen für die Klassen 8–10
ISBN 3-7867-1966-7

Ganz praxisorientiert stellen die AutorInnen in diesem Band Ideen für eine Schreibwerkstatt im Unterricht der Klassen 8–10 vor. Ziel ist es, dem Frust an der Rechtschreibung zu begegnen und die Freude an Sprache und Kommunikation zu entdecken. Die Ideen sind übersichtlich gegliedert und mit pädagogischen Kommentaren, Variationsmöglichkeiten und lustigen Karikaturen versehen. So läßt sich auf einen Blick die geeignete „Werkstattidee" finden.

Matthias-Grünewald-Verlag · Mainz